行政学概説

金井利之

行政学概説（'20）

©2020　金井利之

装丁・ブックデザイン：畑中　猛

s-33

まえがき

　行政学を学ぶ意義は，行政職員になるためではない。医学を学んで医師になり，法律学を学んで弁護士になることはあっても，行政学を学ぶことは行政職員になることには，ほとんど繋がらない。勿論，行政学を学んだ人が行政職員になることはあるかもしれない。しかし，それはたまたまの関係に近い。

　公務員試験の一部の科目に行政学が入っていることもあるが，その比重は小さい。さらに言えば，行政学を選択しなくても，公務員試験を突破できる。政治学を修めなくても，選挙に当選すれば，政治家（公選職政治家）になれるのと同じである。むしろ，実態としては，国の事務官になりたければ，行政学ではなく，法律学や経済学の方が近道である。技官の場合には，工学，農学などが近道である。医学を修めれば医系技官になれる。行政職員になりたければ，行政学ではなく，もっと他の学問を学ぶ方が合利的である。

　行政学を学ぶ意義は，一見明白ではない。まず基本は，この世の中に存在しているように思われる行政とは何であるのか，という知的好奇心かもしれない。学問の基底にあるのは，やはり，知りたいという私的欲求である。もっとも，なぜ知りたくなるのか，ということはあろう。

　実利的にいえば，以下のようなことかもしれない。我々は日常生活を送るうえで，様々な問題に直面するが，その解決のためには，行政を動かさなければならないこともある。行政を動かすには，行政がどのようなメカニズムで動いているかを知っておいた方がよいだろう。また，そもそも，我々が直面する問題の原因が行政にあることも多い。問題解決のための行政ではなく，問題そのものとしての行政である。

　しかし，行政を動かすには，行政の作動を理解するだけでは足りな

4

い。そもそも，「理解」とは，現実に起きていることを「説明」してしまうことだから，行政に起因する問題を納得してしまうことにも繋がる。存在するものには理由がある，ともいう。

　行政を動かすには権力が必要である。「知は力」だから，法律に習熟することや，理工学・福祉学などを学ぶ方が有用かもしれない。「ペンは剣より強し」のジャーナリストも魅力的である。あるいは，圧力団体としての手練手管の実践知識を身につけることが，近道かもしれない。経済界で成功して経営権力を得たり，金持ちになった方が，財力によって行政を動かしやすいかもしれない。自分で行政職員になって出世して，内側から動かすのが効果的かもしれない。政治家になるのが最善かもしれない。芸人・芸能人となって，行政からお座敷がかかるようになった方がいいかもしれない。

　とはいえ，自分側に権力へ繋がる方策を身につけても，相手側である行政の動きを知らなければ，効果は空振りしてしまう。行政と我々は戦うわけではないが，比喩的に言えば，「彼を知り己を知れば百戦殆うからず」（孫子）である。本書が少しでも「彼（行政）を知る」ことに役立てば幸いである。

　最後に，本書も多くの人の協力によって，完成に漕ぎ着けることができた。放送大学の授業を担当する機会を与えて頂いた方々，本書の編集の労を執って下さった方，全くの乱筆の粗稿に丁寧にお目通しを頂き指導助言をして下さった方々など，お名前は秘するが，ここに厚く御礼を申し上げたい。また，執筆校正作業が遅延し，ご迷惑をお掛けした方々には，お詫びを申し上げたい。

2019年11月

金井利之

目 次

1 │ 行政の相対性

《ポイント》　行政学の研究対象は行政なのであるが，その行政とはいったい
何なのかは大変に掴みにくいものである。そもそも，行政という範囲は決ま
っているのではなく，行政の範囲自体が相対的に揺れ動くものである。そし
て，行政という研究対象を，どのような視角で分析するのかも，多様な角度
が有り得る。行政学は，行政に対して政治学の視角からアプローチするが，
しかし，政治学のなかではやや特殊なアプローチを持つとともに，他の学問
分野からの視角にも開かれている。
《キーワード》　統治，国家，政府，立法，司法，行法，公選職，政治，執
政，業務，中間管理，民間，営利，非営利，市場セクター，社会（サード）
セクター，行政サービス，福祉国家，行政国家，横割，縦割

1．行政研究の視角

（1）人々の生活と行政

　行政が何であるのかは，イメージしやすくもあり，わかりにくくもあ
る。例えば，4月になって市区町村を跨いで引越すれば，市区町村の役
所・役場に転入転出届を提出に行き，住民票の発行を受けたりする。引
越によって住所が変わると，運転免許証に記載している住所変更をした
り，銀行預金口座やゆうちょ貯金口座の届出住所を変更する必要が出て
くるからである。また，運転免許証は，制度的には都道府県公安委員会
であるが，公安委員会の執務室に行くわけではない。運転免許センター
とか警察署に行くことになるだろう。また，小中学生の子どもを抱えて

転居すれば，転校が必要になることもある。公立小中学校の多くは市区町村立だからである。

　このような生活のなかでは，通常，市区町村は行政だと思われている。銀行は「お役所仕事」の典型のようであるし，手続や書類・印鑑・本人確認にうるさいが，民間企業である。ゆうちょ銀行は，少し前までは，国の行政そのものであった。郵政省の配下のもとに郵便局が張り巡らされていた。もっとも，銀行にせよ郵便貯金にせよ，人々から見れば大した違いはない。郵政事業は民営化によって，今日では民間企業である。しかし，銀行にせよゆうちょ銀行にせよ，あまり民間企業らしいとは思われていない。

　公安委員会・警察は，都道府県の組織であるので，自治体の行政の一部であるが，通常の自治体の行政とは別のように見える。また，公立小中学校は自治体の一部ではあるが，これも警察と同様に，通常の自治体の行政とは別の世界のようにも思われる。しかも，同じ小中学校教育でも，私立小中学校ならば行政ではない。

　我々が直接に対面する末端の行政職員だけが行政ではない。例えば，役場窓口（住民票交付など），警察，公立小中学校など，日常業務が我々民衆の目に見える行政だとしても，その仕組の大枠を作っているのも，広い意味での行政であろう。住民票は総務省，警察は国家公安委員会・警察庁，公立小中学校は文部科学省が，所管している。

　しかも，郵政民営化のように，それまで行政であったものを民間に転換することも，行政は決めている。また，民間企業である銀行といえども勝手に経営をしているのではなく，金融庁の監督のもとにある。

（2）本書の構成〜暫定的な15の視角〜

　このように，実際に人々に直接に応対して業務を行うことから，民間

企業への規制や，これらの活動の大枠を作ることまで，森羅万象に及ぶのが行政である（「森羅万象所管主義」大森彌）。例えば，自動車運転免許にかかわる行政で考えてみよう。ただ，以下に見られる諸特性は，多くの個別行政に共通して見られるものである。

　運転免許という仕組は，道路交通法などの立法に基づいているが，現場での試験・発行・書換や交通違反取締などの行政活動が不可欠である。また，重大な事故を起こせば，裁判にかけられることもある。大きな枠組から小さな雑務まで，行政組織の幹部職員から末端職員まで，多様な形態がある。自動車教習所（いわゆる自動車学校）での教習や，違法駐車の確認のように，民間事業者が行う業務もある（相対性）。そして，運転免許証などは，国内と有効期限という限定のもとでしか効力を持たない（空間性・時間性）。

　行政は人々に対する支配である。単なる写真付カードにすぎない運転免許証が意味を持つのは，それが権威を持っているからである（権威性）。運転免許証の発行は，免許を与える／与えない人を仕分けることである。交通取締とは，違反者／非違反者を分けることである（区別性）。この仕分けが正しい保証はない。運転免許証は，運転能力を問う。運転免許という仕組は，一定の専門知識を前提にしている。主に実技（技能）と学科（主に交通法規であるが，安全運転知識，保守点検，応急救護，事故対応，保険など）があり，教習場と実地（路上）で練習して，試験（検定）を通過するという，専門家を育てるのと同じ課程を経る（専門性）。

　交通法規自体は公示されているが，試験問題にせよ，取締活動のやり方にせよ，実際の活動は秘密にしている（秘密性）。運転免許が権威を持って通用するのは，それが道路交通法をはじめとする法に支えられているからである（合法性）。運転免許にかかわる仕事は，交通警察とい

う組織が行っていて，行政全体のなかの分業として，ある程度は自律して行われている（自律性）。

　運転免許や交通取締が適切かどうかは，人々にとっては大きな関心事である（妥当性）。警察官の数には限りがある。摘発件数をノルマ（数値目標）にして，そのノルマを達成しても，交通安全が確保されるとは限らない。そして，人々が非常に気にしているのは，見逃されているひと／ときと，見逃されないひと／ときとの違いである（公平性）。何故，多くの他人の違反を見逃しているのに，自分だけ捕まるのだ，という不満である。

　そうして考えていくと，運転免許や交通取締にかかわる行政に対して，人々の意思が本当に届いているのかが，問われる（民主性）。取締に当たる警察官は，我々と同じような仲間なのか，それとも，全く別の人間として我々を支配しているのかは，大きな印象の違いを与える（代表性）。また，運転免許や交通取締の在り方も，大きな意味では政府の政策方針のもとにある。しかし，免許証の交付や違反取締が，政治的な思惑や口利きで歪められては，おかしなことになろう（中立性）。そして，運転免許や交通取締の活動ひとつひとつが真っ当になされるように，行政は人々に対して責任を負わなくてはならない（責任性）。

　ここでは自動車運転免許にかかわる行政を事例として採り上げてみたが，以上のように，行政を分析する視角には，相対性，空間性，時間性，権威性，区別性，専門性，秘密性，合法性，自律性，妥当性，公平性，民主性，代表性，中立性，責任性などがある。これは自動車運転免許に特有のものではなく，多くの行政に一般的に見られる諸特性である。そこで，本書では，以上の15の軸を暫定的に採り上げて，各章で順に論じていきたい。

　勿論，上記の15の諸特性で尽きるものではない。この他にも，例え

ば，公正性，正直性，正確性，誠実性，健全性，廉潔性，文化性，倫理性，信頼性，強靱性，心情性，能率性，経済性，独立性，第三者性，忠実性，機動性，柔軟性，安定性，持続性，継続性，計画性，権力性，特権性，利権性，利便性，複雑性，現実性，実際性，公益性，対話性，応答性，多様性，強制性，暴力性，統治性，有能性なども有り得るかもしれない。そもそも，自由性・平等性・友愛性と公式性・国家性・非営利性なども重要かもしれない。そのうちのいくつかは，上記の15の諸特性のなかに含めて，あるいは，絡めて，論じることもできよう。

　こうした諸特性は，行政の是非（つまり，適切性）を論じるうえでの議論の軸となっている。また，議論の軸を設定することで，2つの相対立する方向性が見えてくる。例えば，秘密性は，公開性・公表性・透明性と同一の軸の上にあり，これらとは方向性が反対の状態である。多くの場合，公開性・透明性がプラスの価値を持つと考えられるが，しかし，秘密性がプラスの価値を持つ場合も有り得る。行政に関して我々は，実務的・実践的にも選択や判断を迫られるし，政治的にも社会的にも行政の適切性に関して，様々な論争が起きて当然である。行政研究は，こうした論点について適切性（appropriateness）の判断を行い，同時に，論点の整理を提供する。

　行政の諸特性を論じるうえでは，行政の制度を正確に理解することも必要である。しかし，正確に理解するためには，何らかの観察や記述の座標軸が必要であり，その候補が上記の諸特性でもある。実証研究を進めるためには色々な特性の軸が設定され，実証研究によって行政の特性が解明されていく。相互補完的かつ相互循環的である。

　制度の正確かつ詳細な知識に加えて，制度と乖離し得る運用の実態を踏まえる必要がある。運用の実態には，しばしば，規則性が発生するので，その記述は重要になる。その規則性は，制度によって規定されるこ

ともある。しかし，行政は実は規則性のない存在なのかもしれないし，行政が規則に基づいているとしても，それ自体が何らかの人為の作用の結果かもしれない。

　行政の規則性を論じるには，本来は複雑に分化した縦割の行政への細かい知識を必要とする。しかし，詳細な知識を，幅広い行政分野にわたって持つことは実は困難である。そこで，本書では，行政についての詳細な情報を提供することではなく，漠然とした行政に関する一般知識を前提に，個別の行政分野に限定されない行政に共通する大まかな諸特性を論じる。行政に直面する我々は，個別行政について幅広い知識を持っていない。臨機応変に行政に対処するためには，広く汎用できる一般知識を持つことが必要である。その手がかりを諸特性は提供する。

（3）行政学の位置

　行政の概念と範囲は，それ自体で多様であり，行政研究の対象が予め決まるわけではない。むしろ，行政という対象がどのように決まるのか自体も，行政研究の重要なテーマである。ともあれ，行政の概念と範囲が暫定的に確定したとしても，その行政に対してどのような視角から研究するのかが問われる。行政学は，行政を個別分野に細分化することなく，共通の側面から研究する横割研究である。

　横割研究のなかには，行政学の視角とは別にいくつかのアプローチがある。行政学は，これらの視角と相互補完的に行政を研究する。

　第1に法学的視角から研究するのが，公法学・行政法学である。国家学・国法学・憲法学とも密接であろう。第2に経済学的視角から研究するのが，財政学・公共経済学である。また，行政と民間企業は組織の経営管理の点で共通性があるから，経営学・組織論を行政に適用できる。同様に，行政職員という労働者を使用する意味で，労働経済学を行政や

公務労働に適用することが可能である。さらに，一般経済学の前提である私益最大化の合理的経済人のモデルを行政に適用すれば，公共選択論からの行政研究が可能であるし，合理的経済人の仮定を緩和しながら心理学的な要素を採り入れて，行動経済学を応用することもできる。第3に，その他の様々な研究視角を行政に適用できる。例えば，社会学，心理学，人類学などの様々な視角が適用できる。このように，行政を対象とするものを行政研究と呼べば，その視角は多元的であり，そこには行政という対象を扱うという以外に一体性はない。

　しかしながら，日本の行政学は，政治学のなかに位置づけられており，行政に対する政治学的視角から研究する学問である。とはいえ，行政に対する政治学的研究なのか，それとも，さらに政治学のなかでも特殊な，行政に対する行政学的研究なのか，のスタンスの違いはある。

　行政に対する行政学的研究とは何か，というのは，政治学とは別個に行政学が存在することの意味にもかかわる。政治過程のアクターやアリーナのうち，重要なものが，政治学のなかで分化する。世論，有権者意識，投票・選挙，議会，政党などと並んで，行政官僚制というアクターとアリーナは，重要であるがゆえに分化する。

　分化したアクターとアリーナには，それぞれに異なるメカニズムが作用する。選挙の論理と，議会の論理，政府・与党・利益集団の政治過程の論理は，それぞれ異なる。行政が重要なアクターとアリーナであることが，行政の動き独自の論理の存在を予想させる。その意味で，行政に対する行政学的研究が目指される。行政に対する政治学的研究は，政府・与党・利益集団の政治過程の論理を，行政組織・行政職員に適用する。これに対して，行政に対する行政学的研究の特質は，中間管理としての狭い意味の行政（狭義行政）や業務にあると考えられる。

　以上のように，行政研究には，法律学，経済学，政治学，その他諸学

からの視角が有り得る。行政学は政治学からの視点を中心とする。しかし，行政研究を多角的に行えば，こうした様々な視角を総合することが，必要になるかもしれない。仮に，行政学を広く捉えて，様々な視角を学際的に総合することを目指せば，必然的に行政学は内部分裂とアイデンティティの危機を迎える。とはいえ，こうした学際的総合性の追求は，政策という側面に注目した政策学に期待されているといえよう。

2. 統治のなかの行政

（1）立法・行政・司法

　行政は，様々な営みを，権力に基づく支配（統治）の一環として行っている。その意味で，行政は統治に含まれている。

　近代憲法では，統治機構は立法・行政・司法の三権分立として整理されている。機構としては，立法権を担う国会，司法権を担う裁判所に対比して，行政権を担う内閣が置かれている。立法・行政・司法とは，国会が法を制定し，内閣が法を執行し，裁判所が法の制定・執行の適否を判断する，時間的な関係に置かれている。もっとも，立法・行政・司法の具体的な範囲を定義することは，なかなか難しい。現実には，立法・行政・司法の領分は，実際の動きのなかで相対的に決まってくる。

　三権分立がない場合には，統治権力は渾然一体としている。ヨーロッパの専制君主制のもとでは議会や裁判所が力を持たないこともある。勿論，君主制のもとでも議会や裁判所は存在し得る。君主が議会の協賛を得て立法し，君主の名のもとに裁判をする。そして，君主は自らの統治をするために，文武の官僚制（文官制・常備軍制）を整備する。統治が渾然一体としているときにまず整備されるのは官僚制であり，それは，三権分立のもとの行政に一番近いように見える。立法・司法が分化しな

いと，統治＝行政のようにも見えるのである。

　行政を出発点とする見方が，明治政府によって形成された「生まれながらの行政国家」（井出嘉憲）である日本では受け入れられやすい。そのため，日本語では「立法・行法・司法」とは呼ばれない。「立法」が行われない限り，法の執行である「行法」は発生しない。しかるに「行政」であれば，「立法」によって開始・授権された法の執行という「行法」だけではなく，立法でも司法でもない統治における機能と権力が，立法には関係なく最初から存在することを含意している。

（2）政治・行政

　代表民主制では，選挙で選出される公選職政治家と，そうではないかたちで為政に携わる人間との区別が重要である。民主制は，本来は統治者と被治者の同一性が必要であるが，現実的には，代表制をもって民主制と見なす。この観点から見れば，民主制の統治機構では，立法＝議会だけでなく，行政＝内閣も公選職政治家の領分である。

　例えば，戦後日本のような議院内閣制では，国会と内閣はともに政治家の世界である（政界）。政治家が占める内閣が行政権を持つのであって，官僚が行政権を持つのではない。また，アメリカのような大統領制のもとでも，議会と大統領は，それぞれ別個の選挙を回路にして選出される政治家である。それまで政治経験がなかったとしても，大統領選挙で当選した以上は，公選職政治家である。

　立憲君主制のもとでは，議会は公選職で占められるにせよ，行政は公選職でないことがしばしばであった。例えば，明治国家で帝国議会が開設されたとしても，内閣（首相・各大臣）は基本的には公選職（帝国議会衆議院議員）ではない。そもそも，内閣なるものは，明治憲法には規定がなく，天皇を単独輔弼する国務大臣が規定されただけである。この

ように見れば，議会は公選職政治家の領分であって，行政は本来は公選職政治家ではない領分，つまり，官僚の領分となる。三権分立での立法・行政の区分と政治・行政の区分と重なる。国会と内閣，立法と行政，政治と行政は，横並びの対等関係となる。これが，官僚内閣制論（松下圭一・飯尾潤）である。この論理に基づけば，民主制になっても，内閣は官僚の担う行政の領分であって，内閣の官職に就いた公選職政治家も，官僚を代弁することが職責となる。

しかし，本来，民主制のもとでは，三権分立制の行政権も公選職政治家の領分となる。戦後憲法では，国会議員のなかから国会が首相を指名する。首相は必ず公選職政治家である。また，内閣のメンバーである国務大臣は，半数以上が議員でなければならないとされているが，慣行上は，ほとんど国会議員で占められている。さらに，近年の内閣・国会機能強化により，行政府のなかの政治家は副大臣・大臣政務官として増強された。三権分立制上の行政部には，公選職政治家とそうでない人々，通常は，資格任用される生涯職行政官がいる。

行政部にも，立法部と同じような公選職政治家がいる。特に，議院内閣制の場合には，内閣と議会与党（多数党）は同一勢力であるため，立法と行政の権力分立は成立せず，権力融合となる（政府与党）。むしろ，実質的な意味での権力分立は，内閣＝議会与党と議会野党の間に存在するとともに，内閣＝議会与党と行政職員・行政官僚制の間に存在する。その意味で，政治行政関係は，第1に，議会少数野党と行政の関係，第2に，行政部内の政官関係が重要である（図1-1）。

政治と対置される行政とは何か。資格任用職（公務員試験などの成績主義・能力実証で任用される職員），生涯職（任期の定めのない職員），常勤職（フルタイムで勤める職員），正規職（身分保障がある職員）が，行政職員の中核的なイメージである。公選職政治家という民主制

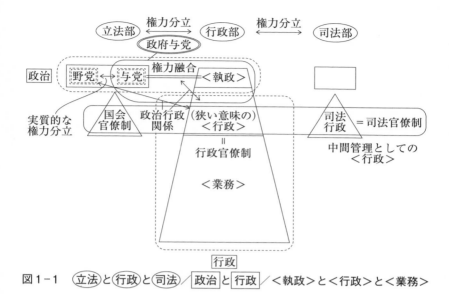

図1-1　⬭立法⬭と⬭行政⬭と⬭司法⬭／⬚政治⬚と⬚行政⬚／＜執政＞と＜行政＞と＜業務＞

と，資格任用・生涯職行政官という官僚制とによって，政治と行政の相対関係を見るのが，自然である。

　公選職政治家ではない残りの存在は，すべて行政職員・行政官といえるわけではない。このような観点からすれば，公選職政治家によって任意に任用される人物は，政治任用職（political appointee）であって，政治の領分に近い。例えば，民間から大臣や特別顧問・特別秘書・ブレーンなどを任用した場合である。但し，資格任用・生涯職行政官のなかからも，人事権を握る公選職政治家が政治任用できることもある。

（3）執政・行政・業務

　専制君主制のもとでは立法・司法が統治から分化していないから，上は専制君主から，丞相・宰相・大臣や文武百官という高官，下僚を経

て，末端吏員まですべてが統治＝行政になるのかもしれない。しかし，これは通常の行政イメージには合わない。少なくとも，専制君主や宰相は行政ではなく，それに仕える存在が行政であろう。行政のなかには，中間管理層の官吏から，細かい業務を担う下役を勤める吏員がいる。

　民主制のもとでの行政部も同様である。民主制である以上，行政部の上層は公選職政治家が担うべきであり，それが執政である。執政は（三権分立でいう）行政部のなかの政治である。これに対して，中層は狭い意味の行政（狭義行政）であり，執政を担う政治家の方針のもとに，行政組織を経営管理する。下層の業務は，行政部の様々な雑務をこなすことである。業務なくして行政は運営できない。例えば，転入転出届の窓口職員，運転免許証の書換の担当職員，学校現場の教員などなくして，行政は成り立たない。しかし，業務だけでも行政は成り立たない。むしろ，業務の大枠や実務のための規則や基準を定め，業務に必要な人員・財源・施設・情報などを準備する狭い意味の行政（狭義行政）または経営管理が必要である。

　こうしてみると，統治＝行政においては，多層的に分化しているのが実態であり，単純に分ければ上層・中層・下層の三層からなる。行政は，上中下の「三人一組」を基礎単位として，その多層的な連鎖ともいえる。狭い意味の行政は，「三人一組」の真ん中の存在である。

　行政のもっとも行政らしい特質は，人々に直に接する職員というよりは，その背後にいる中間管理層にある。中間管理層は，行政部に限らず，組織が大きくなれば登場しやすい。その点で，統治機構の行政部における中間管理（狭い意味の行政）と同質の存在は，立法部・司法部においても見られる。つまり，立法部における議会事務局，司法部における事務総局などは，組織の中間管理部局である。国会も裁判所も最高の意思決定は，国会議員や裁判官が行うものである。また，政治活動や判

決という実際に人々に接する業務を行うのも議員や裁判官自身かもしれ
ない。とはいえ，議員や裁判官を支え，組織活動を成り立たせる事務局
機能は不可欠である。裁判所では，それは「司法行政」と呼ばれている。

　また，狭い意味の行政は，民間企業などの組織における中間管理
（経営）と共通するともいえる。その対比は，行政管理（administrative
management）または公共経営（public management）と経営管理
（management）の対比として表現される。大規模組織の中間管理とい
う意味では，行政組織と民間企業は近い存在とされる。それゆえに，民
間企業の経営学・組織論・経営手法を行政に適用できるという議論が，
行政学の底流には存在する。例えば，1930年代のアメリカ行政学の正統
派教義（オーソドキシー）や，1990年代から流行したNPM（new pub-
lic management）は，こうした発想を前提にする。

3. 社会のなかの行政

（1）3つのセクター

　行政は統治機構のなかの一部である。統治機構は，「国家（state）」
や「政府（government）」と呼ばれることもある。日本語で「政府」と
いうと，国の行政部のみを指すことが普通であるが，英語の「govern-
ment」は，立法部・行政部さらには司法部を含むこともあるし，ま
た，国だけではなく，連邦・州・自治体レベルを含む。そうした広い意
味での「政府セクター」において，行政は政府セクターの活動の中心を
担う。但し，政府セクターのすべてが行政というわけではない。

　しかし，社会は政府セクターだけで構成されているわけではない。通
常は，政府セクターと市場セクター（民間営利セクター）と社会セクタ

ー（共同体セクター，民間非営利セクター，サードセクター）との３つのセクターから構成される。市場セクターの中心をなす活動は民間企業である。社会セクターは，利潤最大化や自己利益最大化を目的とするのではなく，様々な非営利的な動機によって活動する。各種の公益団体や，NPO やボランティアなどが社会セクターの中心である。

この３つのセクターの対比は，ペストフの三角形で描かれて来た。ペストフは，近代社会の平等・自由・友愛という３つの原理を頂点とする三角形を描く。平等は国家・政府に，自由は民間私企業・市場に，友愛は共同体に強く見られる。共同体とは，世帯や家族を中心とする。それらを区分する軸を，公的／私的（または強制／任意，国家／民間），営利／非営利，公式／非公式とする。

共同体は，法制度・組織やシステムとして公式化されていないので，福祉などのサービスの担い手としては，セクターと位置づけ得ない。公式的でありながら非営利・民間の性質を持つのが，NPO・NGO などからなるサードセクターである。政府セクター・市場セクター・サードセクターは，いずれもが公式の組織となっている点で，非公式の共同体とは区別される。サラモンも NPO の定義として，組織化・公式化を求めている。サードセクターは，非営利・民間である点では共同体と同じである。

３つのセクターの区分は，公式化を共通の前提としつつ，国家／民間と営利／非営利の２つの軸で構成されている（図１−２）。

なお，日本語でいう「第三セクター」は，サードセクターとは概念的には異なり，政府セクターと市場セクターの混合形態を指す。それは，国家的かつ民間的であり，公益的かつ営利的である。結果として，どの側面が強いかは，個々の第三セクター次第である。

図1-2　セクターの類型

（2）サービスについての政策判断

　人々は生活のうえで，給付・規制などの様々なサービスを受けている。こうしたサービスのうちには，提供されても，されなくても，どうでもよいものもある。あるいは，麻薬・覚醒剤，賭博，特殊詐欺など，あってはいけない「サービス」もある。しかし，個々人の多様な価値観と選好を前提とすると，判断するのは個々人であって，他人や集団・社会・政府が決めてはいけないかもしれない。とはいえ，価値多元主義・価値相対主義を貫徹すると，政策判断はできなくなる。

　資本主義・市場経済の教説は，企業や消費者の自己利益最大化の行動が，結果的には効率的な資源配分（パレート最適）を実現するという意味で，あるべきサービスが提供されるとする。個々のサービスについての是非の判断はしないが，市場経済という自動調節メカニズムによれば，あるべきサービスが提供され，あるべきでないサービスが提供されない，とする政策判断の一種である。但し，逆にいえば，「市場の失敗」によって市場機構が適切に機能しないと，パレート最適にはならず，あるべきサービスが提供されず，あるべきでないサービスが提供される，と政策判断できる。もっとも「市場の失敗」が起きているのか

を，誰が政策判断するのかという難しい問題も発生し得る。

　通常，政府は，「市場の失敗」の有無だけではなく，広くサービスについての是非を政策判断する。その政策判断は，権威性・正当性をもって被治者に強制される。政府は，自らがサービスの担い手となる場合もあるが，同時に，政府以外の担い手が提供するサービスの是非について政策判断する場合もある。サービスについては多様な分類が可能であるが，例えば以下のように分類できる。

　行政が自ら担い手となって，必要であると政策判断して提供するのが，行政サービスである。行政が具体的に必要であると政策判断しつつも，行政が自ら担い手となって提供せず，一定の枠付けをしたり責任を負うのが公共サービスである。それ以外の民間サービスについては，行政が禁止するか否かを政策判断する。行政によって禁止されない民間サービスについても，一定の基準や性質を満たすように行政は政策判断することが普通であるので，全くの自由放任である民間サービスは少ない。特に行政が深く介入するのが，公益サービスである。

（3）行政の守備範囲

　近現代行政は，初期の夜警国家から，19世紀末ないし20世紀前半のサービス国家を経て，第2次世界大戦後に福祉国家・社会国家に移行したといわれる。その後，1980年代以降から福祉国家の見直しが進み，新自由主義国家の特徴が増えてきたといわれる。

　夜警国家とは，行政の役割を最小限の夜間警備業務などに限る状態を揶揄したものである。もっとも，実際の近代君主制は，しばしば警察国家・軍事国家でもある。そこで，警察，軍隊，外交と，すべての行政を支える財務に関する官僚制が整備されていく。要するに，内務省・陸海軍省・外務省・財務省が基本となる。

　また，市場経済の自由放任を前提にすれば，国家の機能は，民商法の
ような基本立法を行うことと，自由な経済活動の結果として生じる契約
上の紛争などの問題を解決する裁判を行うことが中心になる。その意味
で，立法国家であり，司法国家である。夜警の中心となる刑法も，立
法・司法が基本である。逆にいうと，行政の役割は相対的には小さい。
ただ，民商法のような基本六法や裁判所制度を維持したり，検察官とし
て刑事法を執行する行政の役割は存在するので，司法省が行政部に置か
れる。上記の各省と合わせて，古典五省ともいう。

　しかし，資本主義・市場経済のもとで，社会問題，都市問題などが発
生してくる。例えば，病気・怪我，老齢・若年，失業，障碍などの問題
への対処のために社会保障制度が整備されていく。こうした福祉サービ
スは，しばしば行政による給付を求める。人々の福祉を重視する福祉国
家である。また，上下水道・ガス・電気・交通・通信のような重要なサ
ービスが民間企業で提供されても不充分であると，公有化・公営化が進
んだり，サービスのための規制が為される。国家が広くサービス提供機
能にかかわるサービス国家である。

　また，民間経済成長のためのインフラである道路・港湾・鉄道・通信
などの整備を行政がする。土建国家である。そもそも，資本主義の発達
のために，経済成長自体が行政の目的になる。開発国家である。また，
さらには，景気循環に伴う経済失調に対する対策が，行政に求められ
る。福祉サービスを賄うためにも経済対策が必要になる。このように膨
大に拡大した行政の守備範囲は，立法と司法のみで対処することはでき
ない。立法や司法に対して行政が優位する行政国家である。

　行政国家といえども，行政だけがサービスの担い手ではない。むし
ろ，人々の生活は市場経済や共同体（家族など）が提供するサービスに
も大きく依存してきた。それゆえに，民間企業への規制や，共同体への

規律，サードセクターへの助成などがなされてきた。介入国家・規制国家でもある。行政は民間に対して，規制，助成・支援，取引などをする。こうした行政から民間への働きかけは，政策として現れる。政策執行自体では人々への最終的なサービスを行政が提供するものではない。しかし，間接的にサービスを保障するので，保障国家でもある。

　福祉国家では，行政サービスを担う官僚制が膨張し，また，民間企業などへの介入が拡大する。それゆえに機能不全も生じるため，1980年代ごろから，官僚制の削減，民間企業への規制緩和，行政サービスの民営化・民間委託などの動きも起きる。こうして，新自由主義国家へ進む。サービス提供の担い手として，行政の守備範囲が縮小することもある。

　しかし，その結果として必要であると政策判断されるサービスの領域が縮小するかどうかは，一義的ではない。企業・NPO・共同体を担い手としつつも，サービスのあり方については国家が保障すべく，様々な設計や規制を行政が行うかもしれない。規制緩和は再規制を促すこともある。例えば，電気通信・鉄道・郵便などの行政直営サービスが民営化されれば，事業法的な規制が導入される。企業活動に対する事業法的な規制が緩和されれば，競争・会社ガバナンス・会計などの規制が強化されることもある。環境対策，差別解消などの，新たな対策が民間企業への規制として導入されることもある。新自由主義のもとでも，新たに認定されるサービスはたくさんある。

　行政サービスの後退が，同時にサービスの縮小に繋がることもある。例えば，公的年金・公的扶助のような行政を担い手とする所得保障が後退して，民間企業・NPO・家族などが所得を代替的に提供しなければ，所得保障サービスは後退して，格差・貧困が拡大する。民間企業に従業員に対して所得を提供させる行政の規制には，賃金規制・解雇規制などがあるが，こうした規制に効果があるかはわからない。

　このように，行政の守備範囲は流動的である。第 1 に，行政が直接に
サービスの担い手になるかどうかの範囲は変転する。第 2 に，行政がサ
ービスの担い手にならないにしても，企業・NPO・共同体という他の
サービスの担い手に，どのような関与を国家が行うかによっても，範囲
は変転する。第 3 に，そうした国家の関与のうち，司法・立法の守備範
囲とするのか，行政の守備範囲とするのかも，変動がある。第 4 に，行
政の守備範囲としても，国・連邦，州・自治体のどの行政が担当するの
かも，一義的には決まらない（第 2 章参照）。

　逆に，こうした行政の守備範囲の変転の決定に際して，企業・NPO・
共同体・自治体などが，政治を通じて影響を与えてくる。

参考文献

飯尾潤『日本の統治構造―官僚内閣制から議院内閣制へ』中公新書，2007 年
井出嘉憲『日本官僚制と行政文化―日本行政国家論序説』東京大学出版会，1982 年
伊藤正次・出雲明子・手塚洋輔『はじめての行政学』有斐閣，2016 年
今村都南雄・武藤博己・沼田良・佐藤克廣・前田成東『ホーンブック基礎行政学』
　北樹出版，2006 年
大森彌『官のシステム』東京大学出版会，2006 年
風間則男（編）『新版　行政学の基礎』一藝社，2018 年
金井利之『行政学講義』ちくま新書，2018 年
サラモン，レスター・M.『NPO 最前線』岩波書店，1999 年
サラモン，レスター・M.『NPO と公共サービス』ミネルヴァ書房，2007 年
新藤宗幸『司法官僚』岩波新書，2009 年
曽我謙悟『行政学』有斐閣，2013 年
外山公美（編）『行政学　第 2 版』弘文堂，2016 年
西尾隆（編）『現代行政学』放送大学教育振興会，2012 年

西尾勝『行政学の基礎概念』東京大学出版会，1990年

西尾勝『行政の活動』有斐閣，2000年

西尾勝『行政学　新版』有斐閣，2001年

原田久『行政学』法律文化社，2016年

深谷健『規制緩和と市場構造の変化』日本評論社，2012年

ペストフ，ビクター・A.『福祉社会と市民民主主義』日本経済評論社，2000年

真渕勝『現代行政分析』放送大学教育振興会，2004年

真渕勝『行政学』有斐閣，2009年

真渕勝『行政学案内　第2版』慈学社出版，2014年

村上弘・佐藤満（編）『よくわかる行政学［第2版］』ミネルヴァ書房，2016年

村松岐夫『行政学教科書——現代行政の政治分析（第2版）』有斐閣，2001年

森田朗（編）『行政学の基礎』岩波書店，1998年

森田朗『制度設計の行政学』慈学社出版，2007年

森田朗『新版　現代の行政』第一法規，2017年

学習課題

1．行政について，できるだけ沢山の意味を列挙してみよう。

2．民間企業やNPOが行う公共的活動をどのように考えたらよいだろうか。

3．非日常生活では，行政はどのように我々とかかわりを持っているだろうか。

2 | 行政の空間性

《ポイント》 行政を空間の視点から，根源的・多面的に分析する。近代国家は国土という領域国家の形態をとるが，それゆえに国境を越える越境問題が常に発生する。行政は支配空間の情報を把握して，空間に基づいて分業の体系を組み立てる。その典型が，これまで政府体系として考察されてきた，国／連邦と自治体／州からなる自治制／連邦制であるが，近年では多層ガバナンス制と呼ばれている。

《キーワード》 領域国家，越境，領域と機能，集権・分権，連邦制，自治制，多層ガバナンス制

---

1. 支配の空間

（1）領域国家

　近代国家は国土という領域（territory）を前提に支配を及ぼす。多かれ少なかれ，近代以前においても，支配は「版図」と呼べるような空間的な広がりに及んだが，その外側には及ばなかった。しかし，近代国家では，その線引きがもっとも明確に行われる。

　近代国家は，領域国家であるとともに主権国家である。つまり，一定の領域に対して，その内側には主権として絶対的な支配を及ぼすとともに，その外側には一切の支配を及ぼさない。このように，国境によって明確な分業がなされているのが，多数の近代国家から形成される主権国家体系である。もっとも，このような国境線による峻別は，近代主権国

家においても絶対であったわけではないし，今日のように「ボーダーレス」で「グローバル」な時代においては，なおさらである。

　とはいえ，依然として国境は，支配を区別する重要な境界線である。日本の国境内の領域では，日本の行政が支配を及ぼすのが原則である。国境外では日本の行政が支配を及ぼすことは，原則としてない。

　例えば，国内で自動車を運転するには，日本の運転免許証が必要であるが，国外では日本の運転免許証では許されないことが多い。通常は，日本の運転免許証を前提にして，日本において国外運転免許証の発行を受け，それを外国に持参すれば運転ができる。しかし，それは一定の条件のもとで外国の政府が許容する限りにおいてである。また，国などによっては，日本の運転免許証のままでも運転が可能である。さらに，長期に外国で暮らす場合には，外国の発行する運転免許証が必要になることがある。外国の運転免許証を取得するために，外国の免許試験を受ける必要があることもあるが，しばしば，日本の運転免許証を前提に切替が可能である。外国政府の姿勢次第である。近代国家間で分業体系を整序するには，国際条約など，何らかの相互の合意が必要である。

（2）空間の越境

　行政の支配する対象が，空間によって完全に抑え込めるわけではない。自然にせよ，人間活動にせよ，境界を越えて影響が及ぶのが普通である。例えば，大気汚染や気候変動には境界はない。また，経済活動はグローバル化しているし，人間の交流も越境する。台風や黄砂を行政が壁を作って阻止することはできない。しかし，経済や人間の越境を適切に制御するために，行政の対処がなされる（境界管理）。例えば，貿易障壁や税関・出入国管理・検疫（いわゆる CIQ）などは，支配空間を超えた影響に対処する試みといえよう。国防・安全保障や国境警備も同

様である。境界管理は境界を越えた現象の存在を背景としている。

　空間の境界内での支配を貫徹するためには，境界内に影響を及ぼす境界外の様々な要因をも支配しなければならない。境界管理だけでは，外界からの影響を遮断できない。この発想を前提にすると，領域国家は，領域国家であるにもかかわらず，あるいは，領域国家であるがゆえに，対外的に無限の膨張を企図する動機を持つ。領域国家は，境界管理に専念する方向もあれば，境界外への支配を目指すこともある。

　すべての領域国家が，対外支配を相互に目指せば，衝突は不可避である。領域国家とは，互いに領域内に支配を及ぼし，領域外には支配を及ぼさないことによって，共存を図る仕組であり，領域国家が対外支配を目指しては，領域国家である意味がない。しかし，領域国家には対外膨張を指向する内在的動機がある。対外膨張に限界を課すのは，外的には諸外国の抵抗であり，内的には支配の限界性である。

　空間を分割している行政が，経済の流れを支配することには限界も大きい。地球全領域で単一の資本主義世界経済と，領域ごとに分割された領域主権国家体系とが，空間的には整合していないからである。

（3）空間情報の把握

　領域国家は，対内的な支配空間を把握しようとする。そのためには，空間に関する様々な情報を把握する必要がある。例えば，境界を画定し，実効支配し，測量を行って地図を作製する。支配をするためには空間情報が必要であるが，空間情報を入手するためにはしばしば支配が必要である。

　支配の便宜から，行政は空間情報の秘密性を確保しようとする。さらに，領域国家は上記の通り，対外的な膨張を求める動機を持つので，境界外の空間を把握しようとする。そして，境界外の空間情報も秘匿する

ことがある。植民地支配にせよ貿易・通商の要請にせよ，対外的に測量を開始しようとし，さらに，植民地支配・戦争へ繋がる「外邦図」を作成したりする。また，軍事偵察衛星によって，全世界の空間を把握する。軍事偵察衛星は，他国の陸上を実効支配をする必要はないが，宇宙空間に衛星を飛ばすこと自体が，宇宙空間の実効支配である。

　空間情報は，行政の支配だけでなく，民間の諸活動にとっても役立つ情報インフラでもある。例えば，国の行政組織（特別の機関）である国土地理院は，空間情報の一種である地図情報を民間に提供する組織といえよう。このような場合には，空間情報は公開性を持つべきである。また，行政が持つ空間情報が公開されないとき，行政が作成する意思と能力を持たないとき，行政の作成する空間情報が有用ではないときには，民間が自ら空間情報を提供する。例えば，近世日本の実測地図は，民間人である伊能忠敬が作成した。

　空間情報を作成し，逐次，最新情報に更新するのは，費用がかかる。それゆえに，支配の必要性に応じて，つぎはぎ的に作成・維持更新するのが便利である。しかし，そのため，空間情報は情報インフラとしては不完全で，しばしば，具体的な施策を展開するときには役立たない。そのため，必要に応じて，必要な範囲で，費用を掛けながら空間情報を作成していくしかない。

　例えば，国土地理院の地図や土地登記・公図などで，ある程度の空間情報は整備されているはずである。登記所には，土地の区画（筆界）を明確にするための資料として「地図」が備え付けられることになっている。しかし，現実には地図の確定には費用がかかるので，必ずしも，地図は整備されていない。それゆえ，地図が整備されるまで，「地図に準ずる図面」として「公図」が置かれている。土地の大まかな位置や形状が記載されている。公図の多くは，明治国家の地租改正によって作成さ

れた精度の低いもので，現況と大きく異なることがある。とはいえ，他に替わるものがなければ，公図を参考資料にして使うしかない。

　民間の相続や取引でも同様であるが，行政が実際に用地買収や土木事業の設計・施工を行うためには，公図に頼り切ることはできない。実際に測量してみると，それまでの空間情報と異なっている「縄伸び」などが発生する。本来は，正確な地図を作製して整備すべきであり，地籍調査として進められているが，全国の都市部においても正確な地図は四分の一程度にすぎない。多大な費用を掛けて，全国土にわたって正確な地図を整備することに，行政は喫緊の必要性を感じないからである。

（4）空間と地権

　空間を支配することは，土地（さらには水面）に関する財産権を有することとは，必ずしも同じではない。土地に関する財産権は様々な形態があるが，とりあえず地権として一括しておく。地権が支配に繋がるのは，財産権を保障する領域国家の支配の意志と能力に基づく。したがって，地権が地権者による空間支配に繋がるためには，前提として，領域への権力的支配が必要である。さらに，財産権を土地に対して及ぼすかどうかも，支配のあり方次第である。土地に対して財産権の設定ができるとしたうえで，行政が特定の空間に対して地権を有するかどうかも，空間の把握の仕方の一つである。

　例えば，国内のすべての土地を，行政または民間の所有に明確に区分するか，区分を曖昧にしておくかという問題がある。また，海域・水面・河川・海岸や埋立地の民間所有を認めるのか，という政策判断はある。所有者のいない土地は，国有地になるかどうか，という選択もある。また，民間の土地所有を認めたとしても，外国人・外国資本に認めるかどうかも，行政の政策判断である。

　さらに地権があれば，外国の支配領域内であっても，行政として空間を確保できる。行政が直接に所有できなくても，国策会社や政府系ファンドのような形態で，実質的には行政が土地所有できる。また，租借・居留地あるいは接収・占領・駐留などによって，外国領域内に実質的な支配を及ぼすこともある。

2. 空間の重層

（1）国と自治体／連邦と州〜政府間関係・垂直的権力分立〜

　領域主権国家のなかには，通常は，国と自治体が置かれている。こうした仕組を地方自治（自治制）と呼ぶ。国は，国土空間の全体を管轄するので，全国政府（national government）といわれる。これに対して，自治体は，国土の一部分である「地方」という空間を管轄するので，地方政府（local government）や地方自治体とも呼ばれる（図2−1左）。

　自治体は多数であるが，国は領域国家内には1つである。1つの国をハブとして，多数の自治体が周辺に配置されるイメージから，国のことを中央政府（central government）と呼ぶこともある。但し，このイメージは，管轄する空間の広狭というよりは，点と点の関係でイメージしている（図2−1右）。

　連邦制では，それぞれが領域主権国家である州（state）から，連邦政府が結成される。単一主権制のもとでの自治制と，連邦・州からなる連邦制とは，理念的には異なる。しかし，実際には，連邦制のアメリカやドイツの場合，連邦単位が1つの領域国家として考えられている。そのため，自治制と連邦制との差異は，程度問題とする考え方もある。

　国と自治体の関係も，連邦と州の関係も，それぞれを一定の空間を管

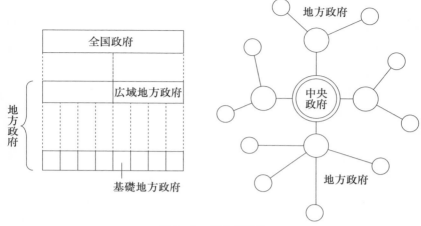

図2-1　国と自治体

轄する政府同士の関係として類似すると考え，政府間関係（intergovernmental relations）と総称する。自治体・州は，国・連邦に対して，一定の自律性を有する別個の政府であるという位置づけである。

　自治体・州が国・連邦から自律性を持つことは，国や連邦における三権分立とは異なるが，権力分立の一種と位置づけ得る。立法・司法・行政の三権分立を，同じ空間のなかなので水平的権力分立と呼べば，国・自治体あるいは連邦・州の権力分立は空間の層（level, layer）が異なるので，垂直的権力分立と呼べる。

（2）集権・分権の認定

　国・連邦と自治体・州の政府間関係は，様々な特徴を持つが，もっとも重要なのが，集権・分権の軸である。政府間関係は垂直的権力分立であり，国と自治体のどちらに権力があるのかは重要な問題である。集権とは国に権力がある状態であり，分権とは自治体に権力がある状態であ

る。国と自治体の権力関係がゼロサム的な関係であるとは限らないが，集権・分権の軸はゼロサム的な関係と考えられることも多い。実際の自治制・連邦制において，集権・分権の程度を具体的に測定することは難しい。ただし，いくつかの指標や着眼点を提示することはできる。

　例えば，国税と地方税の相対比率をもとに，国税の比重が多ければ，より集権的と考えるのは，一つの指標である。国と自治体は，それぞれ国税と地方税によって財源を得るので，財源が多ければ権力が大きいと通常は考えられるからである。このようなときに，国税の一部を地方税に移譲すれば，分権改革だと理解できる。消費税を全体として増税して，増税分を国・地方間で配分するときには，国・自治体はそれぞれ財源が増えるのでともに権力は増える。ポジティブサム的な意味では集権・分権が同時になされる。しかし，ゼロサム的な相対関係で考えるときには，増税分を国・地方間のどちらに多く配分するかで，分権化か集権化かに分かれる。

　仮に税源配分に着目したとしても，絶対的な意味で集権・分権を判断できるわけではない。国税対地方税が１：１のときを，分権でも集権でもない原点として位置づけることもできる。しかし，１：１の状態が分権と考えられるのかもしれない。というのは，国税対地方税が０：１になることは考えられないが，１：０になることは有り得なくないからである。集権・分権は相対的なものである。

　それゆえ，集権・分権は，各国間比較や時点間比較によって，相対的に理解することも自然である。例えば，上記のように，国税・地方税の相対比率を集権・分権の指標として設定すれば，外国との比較によって，ある国の自治制の集権性・分権性の程度を示すことはできる。もっとも，諸外国との比較によって，ある国の自治制の分権性を判断しなければならない根拠はない。

　となると，結局，人々や為政者や論者の設定する基準によって比較して，X国の自治制の集権性・分権性を測るかもしれない。しかし，これは，論者が，分権的な原点を設定すると，X国は集権的に位置づけられ，集権的な原点を設定すると，X国は分権的に位置づけられる。つまり，X国の集権・分権の程度を観察しているのか，論者の視点や選好を提示しているのか，わからなくなってしまう。

　さらに，国税・地方税の比重で分権性・集権性を指標化することは，あまりに単純であって，様々な指標を組み合わせなければ，分権・集権の程度は明らかにできないという考え方もある。例えば，国・地方間の支出の比重も指標になり得る。

　また，歳入・歳出の配分結果ではなく，配分決定を誰が行うのかも指標となる。例えば，国が一方的に国・地方間の税源配分を行っているのであれば，いつでも地方税を減らせる。あるいは，様々な事務事業の義務付けが自治体にされていれば，実質的には地方税の使途は決まっており，地方税であっても特定目的補助金と違いがない。無数に集権性・分権性に影響を与える要因が指標の候補として登場する。

　複数の指標が組み合わさると，集権・分権の程度は，さらに判断が難しくなる。例えば，国・地方の支出配分比重に，国から自治体への事務事業の義務付けの程度が重なると，複雑である。つまり，地方支出の比重が高いが義務づけの程度も高い自治制と，地方支出の比重が低いが義務づけの程度も低い自治制とでは，どちらが分権的なのかは判別が難しい。

　とはいえ，分権性・集権性という軸が，為政の実務においても，学問においても，人々の感覚においても，消えるわけではない。極めて漠然とした総合的な軸として，様々に使われることになる。

(3) 多層ガバナンス制

　国・自治体あるいは連邦・州の分析枠組は，空間区分に関して二層制を想定している。それゆえに，集権性・分権性も二層制を想定した軸になっている。しかし，日本は，国―都道府県―市区町村の三層制である。アメリカは，連邦―州の連邦制に加えて，州内の自治制（郡―市町村など）があるため，四層制などになっている。フランスは国―レジオン―県―コミューンの四層制であるだけでなく，EUを加えれば五層制となる。このように，国・自治体という二層制を前提に連邦制・自治制を論じることは適切でなく，多層制が一般的である。こうした分析枠組を多層ガバナンス制（MLG : multi-level governance）という。

　多層ガバナンス制（MLG）は，空間の大小（scale, 規模・尺度）の差異によって，政府が重層して設置されている状態である。通常，各層の政府は，空間の大小に沿って，入れ子構造的に整序される。そのため，空間の重層は広狭関係となる。しかし，各政府の所管する空間がパッチワーク状であって，縮尺に応じて整序されていなければ，管轄区域の広狭関係にはならない。しかし，特定の地点から見て，多層の政府が重複している意味で，多層ガバナンス制という状態ではある（図2-2）。

　多層ガバナンス制においても，分権性・集権性の軸は消えない。しかし，どのように位置づけるかは難しい。例えば，国―都道府県―市区町村の三層制のときに，国から都道府県への税源・権限などの移譲も，市区町村への移譲も分権化である。では，国から都道府県への移譲と，国から市区町村への移譲とは，分権化の程度が同じかどうかは難しい。あるいは，都道府県から市区町村への移譲は，またその逆は，分権化／集権化なのか，分権性／集権性は変わらないのか，も難しい。

　都道府県と市区町村の関係は，国と都道府県の関係と相似であるなら

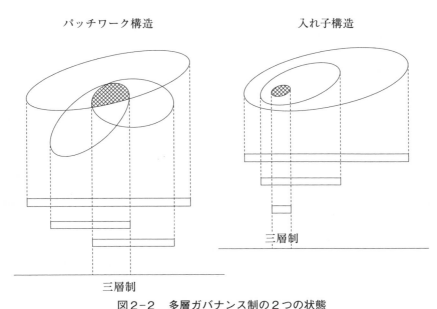

図2-2　多層ガバナンス制の2つの状態

ば，都道府県から市区町村への移譲も分権化である。しかし，都道府県も市区町村も同じく自治体であり，単に支配空間の大小・広狭・縮尺（scale）の違いだけであるならば，両者は同類であるため，分権化にはならない。また，都道府県から国と市区町村に分割して移譲する場合も，異なる見方ができる。つまり，国への移譲は集権化であるが，市区町村への移譲は分権化であり，総合的に勘案すれば分権・集権化は起きないようにも見える。しかし，都道府県と市区町村はともに自治体なので，市区町村への移譲は分権化を意味せず，国への移譲は集権化を意味するので，パッケージとしては集権化と見ることもできる。いわゆる「大阪都構想」をどのように見るかも，色々で有り得る。

3. 空間による分業

（1）分業の体系

　前節では国・自治体が存在することや，多層ガバナンス制の実態について説明して来たが，そもそも，このように行政が何層にも分かれていることは理由がある。これらは，行政の分業体系の一つなのである。

　行政の分業の基準は多様で有り得る。例えば，対象集団，業務工程，機能，領域などが考えられる。対象集団による分業は，人間などの行政対象を総体的に捉える。例えば，宮内庁である。また，業務工程による分業では，財務，物資調達，文書・情報処理，法務，人事などの特定の業務工程に着目して集中的に管理する。例えば，財務省，内閣法制局，人事院である。機能とは，行政が社会に対して政策によって働きかけるまとまりであり，行政・政策目的分野ごとの分業になる。厚生労働省，経済産業省などほとんどの省がこの事例である。領域による分業では，人間や社会を空間によって区分して捉える。例えば，かつての北海道開発庁，沖縄開発庁である。

　分業においては，ある組織は，ある側面に関しては集中して総体的に処理するとともに，相互に他の組織とは自律性を持ち，別の側面に関しては処理できなくなるので，他の組織との協働が必要になる。業務工程による分業は，特定の業務工程に関しては集中処理できるが，業務工程によって遍く分業しがたいので，他の分業の基準に対して副次的な役割になることが多い。対象集団による分業は，機能別（行政・政策分野別）にバラバラに処理されることを防ぐことはできるが，特定の個人や集団に対して，全ての政策分野にわたって総合行政を展開することは容易ではない。また，対象集団は，しばしば地域的集団，または，政策目的による政策対象集団として，まとまっている。そのため，対象集団に

　よる分業は，領域または機能による分業によって代替されることもある。こうして，領域（territory）と機能（function）による分業が広く見られる。

（2）領域と機能

　第2節で触れた自治制・連邦制または自治体・州は，領域による政府の分業の仕組である。自治体・州は，機能（政策分野）の点では，多機能・多目的・一般目的である。また，自治体・州は，国・連邦との関係では，行政だけではなく，政治でも分業している。政府とは，民主性・代表性に基づいて，独自の政治的正当性を持つ分業の単位である。国・連邦政府は領域の点で（国内では）分業せず，機能の点でも多目的である。そのうえで，国・連邦政府は，省庁として機能（政策分野）別に分業する。勿論，自治体・州の各部局も，国・連邦の省庁と同様に機能別に分業する。

　一国全体の行政は，機能と領域に限っても，**表2-1**，**表2-2**のよう

表2-1　政府分業

政府分業＝分業単位ごとに政治の指揮監督がある		機能	
		統合	分立
領域	集中＝全国（全域）	国・連邦政府	特定目的全国政府（弱い形で，主任の大臣）
	分散＝地方（地域）	自治体・州政府	特定目的地方政府

表2-2　行政分業

行政分業＝分業単位ごとに政治の指揮監督がない		機能	
		統合	分立
領域	集中＝全国（地域）	国の内閣補佐機構	国の各省庁組織
	分散＝地方（地域）	国の総合出先機関	国の各省庁地方出先機関・自治体の部局

に多様な分業の可能性がある。非常に単純化すれば，全国レベルの機能的分業である国の省庁組織と，地方レベルの領域的分業である自治体との結合が基本となっている。勿論，国の省庁は，最終的には政権・内閣の一体性・連帯性に反し得ないが，ともかく，膨大な業務を現実的に処理するために機能別に分業する。なお，国の行政を機能別に分業するのではなく，まず，国の総合出先機関としての戦前型官選府県知事（普通地方行政官庁）で領域的に分業することも可能である。

（3）領域分業と統合性

　領域分業（分散（deconcentration））は，一定空間に入る行政対象について，すべての機能（政策分野）を統合して処理する。分業とは何かを犠牲にして何かを優先することであるが，空間分業は，領域間の一体性を犠牲にして，領域内の機能間の統合性を優先する。管轄区域を超える問題について，処理することが難しくなる。領域国家間では国際協調や国際行政の要請が発生するが，しかし，しばしば国際紛争が起きる。自治制においても，自治体間の連携・協力や広域行政・圏域行政の要請が発生するが，しばしば，地域間対立が発生する。それゆえ，空間再編としての合併が要請されたりする。

　越境問題を孕みつつも，領域内では政策分野間の統合を図る。とはいえ，政策分野間・機能間の統合を図ることは実は容易ではない。なぜならば，政策分野はそれぞれの政策分野の目的や理念に照らして仕事を展開しているが，異なる政策分野の目的や理念との間では，内在的には調整がつかないからである。例えば，経済政策と環境政策は，それぞれの機能別の理念を持つが，経済政策と環境政策の統合は，経済政策の理念または環境政策の理念ではできない。それらを超える高次の理念として，「持続可能な発展」のようなものが求められる。しかし，高次の統

合理念を打ち出すのは，機能別分業の単位ではできない。

　機能別の政策分野間の統合を行うには，政治を必要とする可能性が高い。行政分業としての国の総合出先機関（普通地方行政官庁＝戦前型官選府県知事）で，府県領域内の各政策分野の統合を行うことは困難である。そのため，国の総合出先機関は政治による統合を求めるようになり，政府分業としての自治体になっていく（分権改革）。自治体政府は，機能間統合を優先するときこそ存在意義が生じる。領域間の一体性もなく，機能間の統合性もなければ，自治体の意義は減殺されてしまう。勿論，自治体政府のなかでは，機能別に行政分業がなされる。しかし，それらの機能別部局が，自治体全体として政治によって統合される。機能間統合がなければ，国の地方出先機関に対して，自治体は分業上の優位を主張できない。

（4）機能別領域別分業

　行政は巨大な組織であり，機能別領域別分業を進めていく。国はまずは機能別に省庁に分業する。また，自治体として，領域的に分業する。両者は最初の分業の方向性が異なる。国の省庁はさらに機能別に局部課に分業していく。自治体はさらに地域事務所に領域的に分業していく。あるいは，都道府県という自治体への分業は，さらに，市区町村という自治体への分業をしていく。機能別に分業した省庁は，地方出先機関（地方支分部局）に領域的分業をしていく。また，領域的に分業した自治体は，各部局に機能的分業をする。

　国の省庁の地方出先機関や自治体の行政部局は，機能と領域の双方で分業した行政組織である。両者を分けるのは，政治の指揮監督の所在である。しかし，行政分業という意味では，類似している。例えば，国の職業安定所と自治体の雇用促進部課とは，雇用行政という点でも，管轄

区域が近似するという意味でも，類似した分業の単位である。とはいえ，自律性のある分業単位間の連携・協力は必ずしも容易ではない。

　特定目的地方政府も機能別領域別分業の一種である。特定目的地方政府は，独自の政治の指揮監督を持つので，国の地方出先機関ではない。しかし，その政治は，特定目的に限定されるので，一般目的の自治体政府の一部でもない。特定目的地方政府は，日本の場合には存在しない。しかし，例えばアメリカでは，学校区という特定目的地方政府がある。学校区は，独自の公選職政治家を有するが，公立学校教育という特定の政策目的のみの業務を行い，かつ，学校区の領域は州内の一定区域に限られる，というタイプの分業である。

　もっとも，特定目的地方政府と自治体（一般目的地方政府）の差異は相対的である。全権限性，総合性，潜在的には権限を拡幅・縮減することを判断する権限，を有しているのが，日本の自治体のあり方である。しかし，国が法令で特定の行政分野について，国の専管にできる。そうなれば，結果的に，自治体の一般目的性・多目的性は限定される。総合性の高い日本の自治体であっても，六法など基本法制，裁判所，土地登記，出入国管理，外交・防衛・安全保障，通貨・金融，エネルギーなどについては，大した機能を持っていない。

参考文献

新井智一『大都市圏郊外の新しい政治・行政地理学』日本評論社，2017年

伊藤正次（編）『多機関連携の行政学』有斐閣，2019年

小林茂『外邦図』中公新書，2011年

金井利之「空間管理」森田朗（編）『行政学の基礎』岩波書店，1998年

金井利之『自治制度』東京大学出版会，2007年

城山英明『国際行政論』有斐閣，2013年

曽我謙悟「政府間関係」森田朗（編）『行政学の基礎』岩波書店，1998年

牧原出『政治・ネットワーク・管理：R.A.W.ローズの政府間関係論と80年代イギリ
　ス行政学』東京大学都市行政研究会研究叢書2，1991年

山崎幹根『国土開発の時代　戦後北海道をめぐる統治と自治』東京大学出版会，
　2006年

山崎幹根『「領域」をめぐる分権と統合　スコットランドから考える』岩波書店，
　2011年

1．空間の大小の違いが行政にはどのように影響しているだろうか。

2．境界を曖昧にした行政はどのようにして可能になるだろうか。

3．サイバー空間の発達や引き籠もり・徘徊・ノマドに伴い，物理的な空
　間の意味は行政にとってどのように変わるだろうか。

3 | 行政の時間性

《ポイント》 行政にとっての時間の意味を検討する。行政は時間のなかにあり，過去からの作用を受け，また，未来に作用を及ぼす。暦などで時間を支配しようとし，歴史認識を支配しようとする。そして，年度予算のように，時間によって行政活動は分業している。
《キーワード》 継続性，暦，歴史認識，予算編成，予算循環，漸変主義，会計年度，計画，予算歳時期，時間の裁量

1. 時間の制約

（1）過去からの作用

　行政は現時点で行動できるが，過去に作用を及ぼせない。行政は過去を支配できない。むしろ，過去の様々な蓄積の結果に，現時点の行政は支配されている。それは，過去の行政の行動の帰結の場合もあれば，行政には及び得ない現象のこともある。行政は，現時点の白地に画を描くのではなく，過去の帰結に制約されたなかで，展開される。

　過去の行政の結果は，よい意味でも悪い意味でも遺産（legacy）である。例えば，過去に整備した道路や堤防などのインフラは，現時点での行政を展開する前提となる。道路網や堤防の整備には時間が掛かるものであり，徐々に整備範囲を拡大していく。過去に整備した道路や堤防の蓄積は行政の資産である。しかし，同時に過去に整備したインフラも，老朽化していくので，定期的な維持補修も必要になってくる。こうなる

と，膨大な維持補修費用が発生し，現時点の行政にとっては重荷になる。それゆえ，行政は過去の負の遺産を精算したがるが，それは容易ではなく，さらなる先送りなどが起きる。

（2）行政の継続性

　過去の支配と現在の支配との継続性・連続性をどう位置づけるかも難しい。被治者である民衆から見れば，為政者や支配体制がいかなるものであれ，支配の作用自体が継続していることもある。支配の実務を担うのが行政ならば，為政者の交代や，支配体制の変革の有無にもかかわらず，支配が継続する限り行政は継続している。

　このような現象は，「憲法は変われども，行政法は変わらず」（オットー・マイヤー）などと表現されてきた。これは，憲法のような支配体制が，例えば，専制君主制・共産党一党独裁体制・開発独裁体制・軍事体制などから民主制に転換したとしても，あるいはその逆でも，実際に支配を担う行政は継続することを表現する。また，行政の具体的な実体が官僚制ならば，官僚制の永続性という命題に繋がる。いわゆる政治経済体制の転覆である「革命」においても，支配を維持する限りは，行政や官僚制の廃棄は有り得ない。近現代日本でも，明治憲法体制から現行憲法体制への転換，つまり，天皇主権から国民主権への体制転換があったとしても，行政や官僚制は継続した。逆に，行政の継続性がないことは，支配の消滅，アナーキー状態といえる。

　行政の継続性は，二つの方向から理解できる。一方では，為政者や支配体制が，「政権交代」や「革命」によって転換したかに見えても，実態では，行政とそれを具体的に担う官僚制支配が継続する。日本の戦後改革でいえば，「戦前戦後連続論」（村松岐夫が辻清明などの見解に対して命名）や「1940年体制論」（野口悠紀雄）である。前者は，官僚支配

が明治国家以来，継続していると見る。後者は，戦中期に形成された経済などへの官僚統制や総動員体制が戦後にも継続したと見る。

　他方では，行政や官僚制は，いかなる為政者や支配体制にも，汎用的な装置として存続できる。行政は，「政権交代」や「革命」のような支配の大転換を，支配秩序の崩壊による大混乱を避けつつ可能とする制度的な基盤となる。戦後日本が，天皇主権から国民主権へ，「鬼畜米英」の対米戦争から親米・日米安保体制（「同盟」）へ，転換できたのは，行政と官僚制の継続性に支えられたと見る（「間接統治」）。

　とはいえ，支配の正当性が転換するから，政官関係にも影響があり，行政や官僚制の変容を迫る。この点を重視して，官僚支配が継続したわけではないと見るのが，「戦前戦後断絶論」（村松岐夫）である。行政の継続性を打破し得るのは，しばしば政治である。要するに，断絶のために連続が必要であり，連続するから断絶できる。それとともに，行政が連続することで，断絶が阻害される。

（3）未来への／からの作用

　行政の継続性は，未来への様々な遺産となって影響を及ぼす。また，現時点の決定は，未来に作用を及ぼさざるを得ない。現世代の決定は次世代に影響を及ぼすが，次世代は現世代の決定に影響を及ぼすことはできない。その意味で，現世代は次世代を支配するが，次世代は現世代を支配できないので，世代間を通じる民主制（統治者と被治者の同一性）は存在しない。それゆえに，通常の行政で見られるのは，「問題の先送り」や「次世代への転嫁」である。

　例えば，放射性廃棄物に関する最終処分方法も，爆発事故に伴う廃炉方法も決定しないまま，原子力の平和利用は決定された。現時点で考えられている安定地層最終処分においても，そもそも未来世代が存在し得

るのかわからない超長期間の管理を必要とする。また，現存する高齢者への社会保障サービスには「シルバー・デモクラシー」的に力を入れるが，次世代である子育て支援には力を入れないことがある。日本の場合，合計特殊出生率は1970年代に2を割り，1.57ショックが1990年に起きたにもかかわらず，目前の高齢者向け社会保障の整備や，平成不況のもとでの財政支出抑制が優先されていた。

こうした未来への先送りは，時間進行とともに徐々に，現時点となって作用してくる。少子高齢化については，1970年代から80年代にかけての先送りは，2000年代になって作用を及ぼし始めた。

また，次世代への影響の自覚が，次世代からの作用かのように，現世代に影響を及ぼすこともある。あるいは，未来を予測することで，現時点での行政の判断が左右されることもある。例えば，現状の趨勢を無為無策で継続すれば，将来にはさらなる地球温暖化が予測されるとして，現時点での温室効果ガスの削減に向けての対策が考えられる。また，情報技術の革命的な進展を予測し，それに対応した行政のあり方を模索する。労働力人口の減少の予測から，外国人労働者や移民の受入に舵を切る，あるいは，移民受入に伴う民族差別や多文化共生の課題への取組に着手するかもしれない。

しかし，未来への予測に基づく行政の判断が，必ずしも妥当性があるとは限らない。例えば，戦前日本は，日米関係の悪化とともに，彼我の国力の格差から「ジリ貧」が予測されたため，無謀な日米開戦に踏み切った。仮想敵国に関する脅威の予測に対して現時点から事前反応することで，現時点での緊張をさらに高めることもある。

また，津波・洪水の襲来を予測して巨大な堤防を建設するかもしれないが，結果的には役に立たないこともある。逆に，津波・洪水が予測されているにもかかわらず，そのようなことは起きないだろうと予測し

て，結果的には大厄災を招くこともある。

2. 時間の支配

（1） 時間の管理

　行政は時間の流れに作用を与えることはできないから，行政にとっては，客観的に流れる時間は外在的な座標系のようである。しかし，時間という尺度をどのように設計するかは，行政次第である。

　近代日本は，それまで使用してきた太陰暦（旧暦）から太陽暦（新暦）に転換した。もっとも，新暦旧暦に共通するのは，四季の循環という年周時間である。完全な太陰暦にすると1年は365日より短いので，季節がどんどんずれていく。気温や気候の変化と生活の関係からも，農業が四季と深く関係することからも，1年で季節がずれない方が便利である。そう考えると，太陰暦よりは太陽暦の方がよい。太陰暦で暦を刻めば，月周と年周の乖離が徐々に発生し，閏月というかたちでの大幅な修正が必要である。

　太陽暦で実際に採用されているのは，「西暦（グレゴリウス歴）」である。太陽暦の採用は，ヨーロッパ世界発祥の時間系を受け入れることである。さらに，「BC（紀元前＝キリスト以前）」というように，キリスト生誕と紀元が結合するがゆえに，キリスト教世界の時間系を受容することでもある。実態としては，現在の太陽暦は脱欧化・世俗化しているが，ヨーロッパ＝キリスト教的世界の覇権の重要な遺産である。そして，「西暦2000年問題」など，思わぬところで行政に影響を及ぼす。暦の決定は，天文学などの「科学」的な専門性に基づく，グローバルで均一の計測と設定の問題でもあり，個々の領域主権国家の支配の及ぶところではない。とはいえ，日本を含め各国は天文台という行政組織を持っ

ていることが多い。

　今日の日本では，ごく当然に，年・月・日・時・分・秒という単位を使うが，週という単位も使われている。行政の作用がなくとも，多くの民衆が利用していれば，事実上標準として行政もそれを利用するのが便利である。しかし，事実上標準として利用されている単位を変更しようとすれば，行政による時間への支配が顕在化する。

　明治当初における太陽暦への転換には，太政官達・勅令が必要であった。同様に，一日のなかでの時の刻み方の変更にも，太政官達が必要であった。江戸体制での不定時法を，明治国家は定時法に変更した。定時法では，時の刻み方が日の出・日の入りから切り離されるので，別途，日の出・日の入りの時間を計測する方法を定める必要も出てくる。

（2）暦の支配

　時間系自体を変更するのは，極めて例外的な事態である。むしろ，時間系を前提にして，行政は選択的に介入する。例えば，フランス革命のジャコバン政権のもとで，1793年に革命歴（共和歴）が採用された。旧来のグレゴリウス暦は旧体制＝王権と結託したカトリック教会の支配体系として否定し，「理性」重視の「合理」的な暦を作った。

　革命暦は，「合理」的とされた十進法を採用し（十進法が合理的という根拠はない），1年は12月，1月は30日，1週は10日，1日は10時間，1時間は100分，1分は100秒とした。但し，グレゴリウス歴の1年＝365ないし366日を前提としているので，年に5ないし6日の閏日を入れる。施行は1792年9月22日（共和制樹立記念日）に遡及し，それが共和歴第1年第1日となる。しかし，革命暦はナポレオン皇帝が1806年に廃止した。グレゴリウス暦という事実上標準の方が体制転換よりも持続性があったとも，革命暦の廃止には帝政への反動が必要だったとも，い

える。

　近代日本の場合には，元号と天皇在位を連結した「一世一元の制」の採用が，グレゴリウス暦を前提にした為政者による暦の支配である。一世一元の制は1868年の明治改元の詔で採用され，1899年の旧皇室典範に継承された。一世一元の制は，中国・朝鮮・ベトナムなどにも見られた。江戸体制では天皇とも将軍とも元号は一致しない。1947年の新皇室典範には一世一元の制は採用されなかったが，行政では「昭和」の元号は継続された。1979年の元号法で，一世一元の制は再び明示的に採用された。

　公文書に和暦＝元号を使用することを義務付ける法令はない。とはいえ，行政では元号の使用が事実上強制されている。2019年5月1日の改元においても，公文書への西暦表記を義務付けず，また，元号と西暦を併記したり，西暦に統一する方針も示さず，各省庁や自治体の個別の判断に委ねた。世間では元号と西暦は適宜併用されている。改元によって年数計算が不便になるので，西暦を採用することも多い。改元によって影響を受けない「皇紀」も有り得るが，戦時期に軍国主義が称揚された時期を除けば，ほとんど使われなかった。

（3）祝休日等の設定

　暦の支配でより現実的なのは，祝休日の決定である。そのなかには，明治天皇・昭和天皇誕生日（旧天長節）や建国記念日（旧紀元節）のような，明治国家の暦の支配が刻印されているものもある。大正天皇誕生日（8月31日）は祝休日ではない。この他，様々な祝休日が設定されている。もっとも，こうした祝休日は目安としての効果しか持たず，実際に，役所・議会・学校など開閉するか，民間企業がどのような営業・操業日程を組むのかは，暦に拘束されない。特に，年末年始やお盆の時期

は，必ずしも祝休日ではないにもかかわらず，世間的にはある程度の休暇となるのが慣例である。

また，1週7日のグレゴリウス暦を前提にしつつ，何曜日が休日になるかも，必ずしも行政は決定できない。7日に1日の安息日は，ユダヤ＝キリスト教的な伝統を背景としている。キリスト教民主主義勢力が強かったヨーロッパ大陸国では，日曜日には一般店舗の営業が規制されたこともある。近世日本では，「盆と正月」しか休みはなかった。しかし，近代以降，日曜日＝休日制が行政・民間を通じて一般化された。土曜日の「半ドン」を経て，週休二日制が広まっている。とはいえ，「週末」の営業・操業は，行政・民間を通じて異例ではない。

祝休日等は支配権力のあり方に左右されるのであれば，国が設定する祝休日とは別個に，自治体が設定する日もある。例えば，「沖縄県慰霊の日を定める条例」（1974年）では，沖縄戦の惨禍を踏まえて6月23日を「慰霊の日」として，県の機関の休日とされている。

また，東京都は，10月1日を「都民の日」として1952年に条例で定めている。市制特例が1898年10月1日に廃止され，東京市が一般の市と同様の自治権が回復されたことを記念したものである。都立・区市町村立学校などは休校になり，都の施設が無料になることもある。とはいえ，東京の民間企業が広く休日になるものではない。

記念日として設定して，行事などを行うこともある。上記の沖縄県慰霊の日には沖縄全戦没者追悼式が開催される。8月6日には広島市で平和記念式典が開催される。長崎市も条例で8月9日を「ながさき平和の日」としている。

（4）過去への支配

タイムマシーンがないので，行政は過去への作用を及ぼすことはでき

ない。しかし，正の遺産か負の遺産かを判断するのは，現在の行政である。つまり，どのように過去を認識するかという歴史認識は，現在の知的権力による過去への支配の試みである。行政は，現時点にとって都合がよいように，過去の歴史認識を支配しようとする傾向がある。そのために，歴史文書としての公文書を保存したり廃棄したりする。

　行政判断による歴史認識は，現時点での政治紛争の素となる。それは国内的にも国際的にも争いを生むことがある。そうであるからこそ，歴史認識を支配から切り離すことが求められることもある。その意味は2つあり，1つは政治的党派性から切り離す党派的中立性である。2つには，政治的党派性から切り離された超党派的な合意に基づいたとしても，それが民族主義（ナショナリズム）と結合する場合には，国際的な紛争に繋がるので，関係国を含めてナショナリズムから切り離すことである（脱民族性・脱国民性＝国際性）。

　もっとも，歴史認識を，協調と友好と団結のために動員することも可能である。紛争を生まないという意味では問題ないかもしれないが，支配権力の目的のために動員されることには違いはない。

（5）時間の裁量

　行政の多くの活動は，日常的に継続する業務であるとともに，突発的に発生する申請・違反や事件などに対応する業務である。行政職員が，いつ，どのように，対応するかの裁量を持つことは，行政の権力である。逆に，発生するごとに直ちに対応せざるを得ないときには，行政は突発性に支配されている。

　例えば，ある許可申請に対して，行政が決定をするかしないか，あるいは，いつ決定するかもわからない，という色々な時間に関する裁量を持てば，申請者である事業者や民衆は，常に行政の意向に翻弄される。

あるいは，行政に対する要望や陳情に対して，行政は「預かっておく」
「ご意見として承っておく」とか，「検討中」「研究中」「調整中」などと
して，決定を行う時機を自由に設定することもある。時間の裁量は，行
政が行動する時機の秘密性とかかわる。

　行政は，事業者や民衆に対して，許可申請，陳情・要望，請求・不服
申立・提訴などの時間を限定して，権力上の優位を築く。例えば，行政
裁判では，私人が訴えを提起できる期間を限定して，行政は優位を確保
する。しかも，確定判決が出るまでは，行政の行動はそのまま進行する
ので，私人側の要求に応答しない時間の猶予を得る。

　時間の裁量に関して，行政と事業者・民衆との権力バランスを考える
うえで，色々な対処が可能である。行政に時間の限定を課すことであ
る。例えば，申請に対して標準処理期間を設定する行政手続が形成され
てきた。しかし，行政手続法によれば，標準処理期間は，あくまで申請
の処理にかかる期間の「目安」にすぎず，必ず標準処理期間内に申請に
対する応答があるとは限らない。また，標準処理期間を経過して結論が
出なくても，直ちに行政の違法性が問われるわけではない。その意味で
は，時間の裁量を行政は持ち続けている。

　行政に処理期間の義務を課す以上は，行政が決定しないときには，直
ちに行政不服審査や行政訴訟に繋げられることが，必要である。もっと
も，行政争訟に移行してからも，時間の裁量は消えない。いつまでも，
答申・裁決・判決がでなければ，行政の時間の裁量と同じである。

3. 時間による分業

（1）無期と有期〜予算編成の漸変主義〜

　行政の支配には持続性があるので，しばしば終期が設定されていな

い。例えば，法令には施行期日が存在するが，一旦，制定・公布・施行されれば，行政はそれを執行し続ける。従って，改廃するという特段の決定をしない限り，行政の業務は拡大する一方になる。特段に新たな決定をしないという現状維持は，行政の持続性に有利に作用する。こうした観点から，法令に終期を予め設定するサンセット法・日切れ法によって，行政活動の終期を設定することがある。

　法令（法的資源）が無期を原則とするが，予算（財政資源）は有期を原則とする。予算は，会計年度単位で決定される。ｎ年度予算として決定された事業は，原則として，ｎ年度においてのみ執行可能である。ｎ＋１年度に執行するためには，ｎ＋１年度予算として決定されなければならない。ある事業の根拠が法令にある場合には，法的には終期なく実施し続ける義務が行政には課されるが，実際にその事業が財源を伴う場合には，毎年度の歳出予算が授権されなければならない。

　予算は１会計年度という有期によって，仕事のまとまりを形成する。行政の時間的分業を図る工夫であり，漫然と行政を継続させない。しかし，現実の予算編成は，前年度予算を既定の基礎として，変化する部分だけを決定することが普通である。変化する部分だけに集中的に決定する方式を，増分主義・漸変主義（incrementalism）と呼ぶ。

　従って，各年度予算に終期は存在するが，予算は会計年度ごとに「御破算（zero-base）」にはならない。前年度予算から変化させるという特段の決定をしない限り，前年度と同じ決定が当然とされているので，終期の設定がないことと同じになりかねない。そこで，あえて，１会計年度で終期を迎える原則に戻って，予算編成においてすべての事業を「御破算」にして検討するゼロベース予算編成という考え方もある。

　行政が漸変主義の決定になり，結果的に無期的に継続する形態になるのは，次のような要因が考えられる。予算編成など行政の決定は，行政

内部でも膨大な情報と調整が必要であり，すべての案件を限られた期間で決定できない。そして，行政の決定は広く社会の利害関係者に影響をするので，ゼロベースで大胆に決定することは，かえって予期し得ない問題を引き起こす懸念がある。そのため，社会の関係者との利害調整や納得も必要になるので，さらに調整や準備に時間が掛かる。それゆえに，会計年度のような有期の仕組であっても漸変主義になる。

　とはいえ，予算における漸変主義は，終期のない既存の政策・事業の漸変主義とは異なる。少なくとも年に一度の再検討・再決定の場が機械的に設定されている。終期がなければ，再検討しないことも可能である。それゆえ，終期のない法令においても，「見直し規定」として，数年に一度は行政に再検討を命じる方式も存在する。

（2）予算歳時記と日程

　行政は大きな組織であるとともに，政策は多くの人々に影響を及ぼすことから，行政内外の多数の関係者との調整や合意形成が必要になることが多い。また，妥当性のある決定のためには，それなりの調査や分析にも時間が掛かる。そのため，行政の活動は，ある程度の時間を掛けた行政過程として進行する。このため，行政では日程や段取りの構築が重要になる。また，日程が制度化されれば，行政の歳時記として多くの関係者にとって予測可能になり，準備や対策が可能になる。もっとも制度化されているのが，予算編成である。

　国の予算編成は，n－1年5月ごろから，各省庁各局内部の各課や出先機関を通じて，予算要求がボトムアップに積み上げられ，局・省単位でまとめていく。財務省は閣議了解として7月ごろに各省に，予算の概算要求のための方針（「概算要求基準」など）を示す。各省から財務省への概算要求期限は，慣例としてn－1年8月末である。その後，各省

は財務省主計局主計官・主査による予算査定を受けて，それが，財務省主計局内部で検討されて，n－1年12月半ばに政府予算案となる。

　政府予算案が若干の変更を加えられ，n年1月召集の通常国会に政府予算が提出され，衆議院で先議される。主に，予算委員会で審議され，2月下旬から3月にかけて衆議院を通過する。継いで，参議院も主に予算委員会で審議がされ，3月末までに通過する。政府与党が衆参両院で安定多数を掌握していれば，このような国会日程で進む。

　予算歳時記が高度に制度化されているため，予算編成に合わせて法律改正作業もなされることが多い。予算執行に必要な法律改正は，予算歳時記に合わせて行う。特に，n年度4月1日から必要な「日切れ法案」はn年3月31日までに国会通過が必要になる。また，年度当初には必要ではなくとも，予算において法律改正を前提に議決された案件に関しては，逐次，4月から6月ごろまでの通常国会の後半戦において審議がなされる。行政や政府与党にとっては，内閣提出法案はすでに決定済みなので，「事後処理」の感覚であって，「一日も早い無修正の通過」が目標となる。

　予算編成は膨大な調整作業を要するから，漸変主義になることはすでに触れた通りである。それゆえ，予算歳時記に入ってから内容を大きく変化させるのは，限界がある。それゆえ，予算歳時記に入る前に，予算編成過程における折衝や検討の方向性を示す。これが，n－1年6月ごろに経済財政諮問会議の答申を経て閣議決定としてまとめられる，いわゆる「骨太の方針」（「経済財政運営と構造改革に関する基本方針」「経済財政運営と改革の基本方針」など名称は若干の変化がある）である。6月に大きな方針を示しておけば，7月の概算要求基準や8月末の概算要求に間に合うので，骨太方針以外にも，審議会答申・報告など様々な政策変更を目指す課題設定は，6月が一つの里程標となる。

　さらに，6月ごろにまとめられる各種方針が，次年度の予算編成を規定するとなれば，それに盛り込むための準備が重要になる。こうして，歳時記は逆戻り的に前倒しされていく。そこで，6月に向けての作業を開始するために，2月ごろに検討が開始される。上記の「骨太の方針」の前段階となる，いわゆる「改革と展望」（「構造改革と経済財政の中期展望」など）は1月末ごろに閣議決定される。

　ちなみに，n－1年6月とはn－1年度通常国会がようやくに終了したころであり，n－1年度予算の執行が本格化する前である。また，n－1年2月とは，n－2年度予算の執行が終わっておらず，n－1年度予算がまだ成立もしてない段階である。その段階で，すでにn年度予算に向けた方向性を打ち出すことになる。但し，上記の通り，行政各省庁や政府与党としては，n－2年12月の政府予算の決定によってn－1年度の案件は既決なので，その先の日程を展望する。さらにいえば，n－1年2月の方向性に向けては，さらに構想をその前から練る。つまり，被治者の時間と為政者の歳時期とは大幅に乖離している。

（3）会計年度

　予算は会計年度という1年を期間とする分業である。暦を前提にすれば，1年という期間の尺度は行政にとっても最も基本的である。但し，会計年度の始期を何月何日に設定するかは，人為的に設定される。近代日本の場合には，会計年度は4月1日で始まり，学年も同様のことが多い。しかし，諸外国では，1月1日や10月1日に開始のこともある。

　会計年度の特徴は，第1に，西暦の日付に基づいて機械的に進行することである。第2に，すべての政策分野・事務や機関・組織に一律に適用されることである。その意味で，終期を無視した永続的な決定の回避，期間の伸縮，業務の進行の停止・遅延や再開など，行政が裁量を行

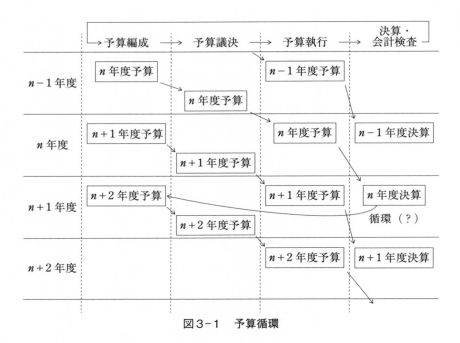

図3-1　予算循環

使できず，強力な制約要因になる。

　会計年度の仕組により，ｎ年度予算，ｎ＋１年度予算，ｎ＋２年度予算……という分業が，行政ではなされている。しかし，ｎ年度予算は，ｎ年４月１日からｎ＋１年３月31日までしか，存在しないというわけではない。実際のｎ年度予算編成作業は，ｎ－１年に行政内部では進められる。ｎ年４月１日から，ｎ年度予算執行が開始される。そして，ｎ年度がｎ＋１年３月31日に終了すると，その後は決算の時期に入る。

　ｎ年度予算は，ｎ－１年からｎ＋１年までの少かくとも足かけ３年程度（４年を超えることもある）の持続期間を持っている。予算編成，予算議決，予算執行，決算・会計検査という一連の流れを予算循環（budget cycle）という。もっとも，ｎ年度予算は一方向的な時間の流

れであって，議会での決算審査または責任解除議決とともに消滅するか
ら，循環していない。しかし，観念的には決算・会計検査で指摘された
課題が，予算編成などにフィードバックされることが期待されるので，
循環と呼ばれる（図3-1）。

　ある時点を固定すると，例えば，n年8月ごろで考えれば，n＋1年
度予算編成，n年度予算執行，n－1年度決算が，同時に存在してい
る。n＋1年度予算は，n年度予算執行が終わる前に編成しているし，
n－1年度決算で見られた課題を反映する暇もあるかどうか疑わしい。
従って，予算循環といっても，過去の評価や反省をもとに将来の予算を
考えることは容易ではない。決算による評価を反映しにくいことも，前
年度予算踏襲や漸変主義になりやすい要因である。

（4）期間の縮尺

　会計年度は1年間を尺度とするが，どのような縮尺で時間の分業を定
めるかは，行政次第である。例えば，中期計画は5年程度の期間を設定
する。自治体の総合計画は，10年ないし3年程度の期間で設定される。
もっと長期に及ぶビジョンを設定することもできる。しかし，予算財政
関係では，5年から10年程度の中期財政計画は導入しにくい。また，国
債・地方債は，10年，20年，40年などの償還期間が設定されている。そ
れゆえに，公債は単年度主義の分業を逃れる裏口になり得る。

　あるいは，特段の終期を設定しないで，あるプロジェクトが終了する
までという不定期方式もあるが，こうした仕組は時間による分業を逃れ
るための方便となり，しばしば，放漫運営の原因となる。この典型は，
戦前日本に見られた臨時軍事費特別会計である。これは，戦争の始期か
ら終期までを一会計年度と見なす特別会計である。また，一般会計の単
年度主義の縛りは，土地開発公社のような公企業ならば免れることがで

きる。土地の時価が大幅に低下して実質的に債務超過になったとしても，土地を処分しないで「塩漬け」にする限り，資産減価による債務超過は表面化しない。こうして，「含み損」を先送りできる。

　会計年度は，行政のすべての組織単位や政策分野に一律に適用される時間であるが，それぞれの単位や分野で，別個の時間の尺度を設定することもできる。例えば，介護保険事業計画は介護保険のみの期間（3ヵ年）である。分野別計画は，それぞれの計画に応じて，個別的に始期・終期・期間が設定されている。

参考文献

ウィルダフスキー，A.『予算編成の政治学』勁草書房，1972年

北山俊哉『福祉国家の制度発展と地方政府―国民健康保険の政治学』有斐閣，2011年

キャンベル，ジョン・C.『自民党政権の予算編成』勁草書房，2014年

清水真人『経済財政戦記―官邸主導小泉から安倍へ』日本経済新聞社，2007年

野口悠紀雄『1940年体制（増補版）―さらば戦時経済』東洋経済新報社，2010年

増田寛也『地方消滅』中公新書，2014年

村松岐夫『戦後日本の官僚制』東洋経済新報社，1981年

村松岐夫『平成バブル先送りの研究』東洋経済新報社，2005年

フッド，クリストファー（Hood, Christopher），*The Limits of Administration*, John Wiley & Sons Ltd, 1976

学習課題

1．暦を変えることは何をもたらすのか。
2．行政の継続と変化はどのように生じるのか。
3．行政運営における予算歳時記の重要性について論じよ。

4 │ 行政の権威性

《ポイント》　支配が安定的に成り立つには，行政職員や民衆に対して権威を持って受容される方がよい。そのためには，同意や合意形成によって権威を得ることが考えられる。しかし，同意が得られない被治者に対する支配での権威こそが，もっとも重要である。ウェーバーは支配の正当性として，カリスマ，伝統，合法性を挙げている。近代官僚制は合法的支配なのである。
《キーワード》　権威，正当性，遵守，服従，同意，支配，合法性，官僚制

1. 権威と同意

（1）権威と遵守・服従

　行政の決定に対して民衆が従うときに，行政には権威がある。あるいは，行政の組織としての決定に対して，組織のメンバーである行政職員が従うとき，行政には権威がある。行政の決定に民衆は従おうと思わずに反抗または反論し，また，行政職員が組織としての決定に疑念を抱くとき，行政は権威を有していない。

　行政に権威があるときに，行政職員や民衆に遵守・服従が結果として発生する。あるいは，行政職員や民衆の側の遵守・服従などの行動の存在から行政に権威があると推論される。または，行政職員や民衆の側の遵守・服従などの行動の動機が，行政職員や民衆が行政に対して権威を与えた源泉である。

　行政職員や民衆は，行政に権威を感じなくても，結果として行政へ遵

守・服従することもあろうから，権威と遵守・服従が一対一で対応して
はいない。遵守・服従した方が利益に適う，遵守・服従しないと不利益
や制裁が大きい，という利害得失の計算を合理的（つまり合利的）に行
うことも，遵守・服従行動の動機となる。

　行政職員や民衆が合利的ならば，利害得失計算で遵守・服従または反
抗を選択する。行政は，行政職員や民衆の合利的動機付けを操作する。
とはいえ，利害打算にのみ基づくのであれば，それを支える利益・制裁
の利得状況が変われば，遵守・服従を得られない。それゆえ，何らかの
権威を得ることによって，行政は支配の安定性・持続性を合利性がなく
とも達成しようとする。

（２）行政職員の同意

　行政職員や民衆の自発的な意思は，行政職員や民衆の遵守・服従を正
当化する。行政に対する本人の同意こそが，行政の権威を支える。権威
性をもつ行政とは，行政職員や民衆による自発性に支えられる。行政と
行政職員，あるいは，行政と被治者である民衆の関係とは，双方の同意
に基づいており，広い意味での契約関係でイメージされる。

　行政と行政職員が契約関係であるのは，比較的にわかりやすい。現代
行政では，身分制的に生まれながらの行政職員はいない。行政職員は，
志願者のなかから，行政が採否を決定して任用するのが原則である。行
政職員になるものは基本的に希望者である。そして，採用後も，行政職
員はいつでも退職できる。本人の意思に反して行政職員になることはな
い。なお，日本の場合，幹部職員は一元管理のもと，退職にも任免協議
を要するとされ，「退職の自由」が失われている。

　明確な契約ではなくとも，行政職員の強い拒否がなければ，行政の権
威は成立する。こうした考え方を，「権威受容説」（チェスター・バーナ

ード）という。行政組織や上司の権威は，行政職員の自発的な受容や無
関心に支えられる。部分的には行政職員が反抗するときに，それに対し
て行政組織や上司は行政職員に制裁を加えることもある。しかし，制裁
が成り立つのは，他の多くの行政職員が，行政組織や上司のあり方を受
容しているからである。外見上は上下関係による制裁や指揮命令であっ
ても，実態上は，行政職員のなかの多数による，一部の行政職員に対す
る要求である。その意味では，多数の行政職員の同意に基づくともいえ
るし，行政組織内の多数派専制ともいえる。

（3）民衆の同意と民主制・代表制

　行政と民衆とが個々の契約関係ならば，支配としては自己矛盾であ
る。個別契約ならば，個々の民衆の同意なくして，行政は支配できな
い。しかし，行政の存在理由は，個々の民衆の個別の同意に拠らないこ
とにある。同意に拠らない決定をするからこそ，行政に同意に拠らない
権威性が必要になる。しかし，現実には，行政においても同意の契機は
重要である。

　民主制とは，被治者の集団的同意によって，為政者の決定に権威性を
付与する擬制である。被治者が自ら統治者であれば，行政の決定に従う
ことは，自分たちで自分たちに従うことである。また，代表制では，被
治者の代表の同意を被治者の同意と見なす擬制によって，権威性を支え
る。自分たちが自分たちに従うのは，抑圧でも不自由でもない。

　もっとも，被治者は多様な意見を持つ多数諸個人から構成される群集
（multitude）であって，被治者が「一にして不可分」の意思を持つとは
見なせない。実態は，行政の決定に同意する被治者や代表と，同意しな
い被治者や代表とに分化する。前者が多数派であっても，被治者の同意
とは多数派の同意でしかなく，同意しない少数派にとっては，本人同意

に起因する権威性は存在しない。多数派から少数派への同調圧力が権威性の内実かもしれない。そこで，被治者個人の個々の同意による権威性を重視するならば，全員同意・全会一致（unanimous）制にならざるを得ない。これも行政の存在理由の自己否定に繋がりかねない。そのため，多数派または代表の同意によって被治者全体の同意を擬制する。しかし，それは個々の本人同意の不在でもある。

　そこで，日常的な決定は多数派同意でなされるとしても，その根拠となる憲法において「社会契約」を結ぶ擬制を採ることもある。主権者という「一にして不可分」な統治者＝被治者が憲法を制定し，憲政レベルで根本的な同意を被治者が支配体制に与える。その後の日常行政は，憲法に基づく仕組によって，個々人の同意を得ることなく運営される，というわけである。もっとも，憲法制定は全員同意制の社会契約ではない以上，同意に拠らない権威性の問題は消えない。

（4）民衆の同意と合意形成

　行政の決定は，最終的に被治者の一部の不同意のままで為されるとしても，合意形成の過程を経ることがある。選挙結果で，すでに政府予党＝多数派は議会内で明確であっても，議会審議という合意形成過程に権威性が期待されるからである。議会審議が形骸化して，審議時間だけを確保した「法案処理」に堕しては，権威性を高められない。

　合意形成は，政策決定や議会の場面だけではない。行政の支配が赤裸々に表れるのは，政策執行の現場である。行政職員が，法令など政策枠組のもとで，個別具体の案件に際して，必ずしも，決定案に同意しない被治者と直面する場面こそが，同意と合意形成がもっとも強く問われる。この場面で被治者の同意を得る，あるいは同意を目指して合意形成をすることで，行政が権威性を得ることもある。

　執行現場で納得をしない被治者に対して，行政は様々な交渉・説得や圧力・取引などを行って，合意形成を目指す。具体的な案件に関して被治者の同意が得られれば，自発的な服従・遵守が確保される。また，仮に同意が得られなくても，合意形成の努力自体によって，当該被治者や周辺の被治者から，一定の納得が得られて，行政の権威性が高まる。このような行政の一つの形態が，行政指導である。

　行政指導は，相手方の任意の同意を求める活動である。しかし，文字通りのお願いであれば，相手方の服従・遵守を得ることは困難である。それゆえに，行政指導では，様々な「飴と鞭」が提示されて，同意に向けての動機付けをする。あるいは，「指導」という用語に現れるように，行政が持つ規範的・倫理的・価値的・立場的・専門知識的などの優位を背景に，同意を求める。行政に権威性があることが行政指導を実効的にするが，行政指導の成功が被治者の同意の獲得を意味し，それが行政の権威性に繋がる再生産の過程である。逆にいえば，行政の権威が失墜していれば，被治者は行政指導に従わず，行政の権威はさらに失墜する。現場職員の行政指導への努力も行政の権威性を支える。

　行政指導以外にも，任意交渉による同意は一般的である。例えば，土地収用権限があるとしても，通常は任意の用地買収交渉による。所得税の申告に色々な不備が見つかっても，税務署と納税者は協議をして，修正申告をするのが普通である。交通違反に対しても，刑事裁判で争うよりは，反則金を違反者が自発的に支払うことで，非犯罪化する。

2.　支配の正当性

（1）　支配と思考停止

　マックス・ウェーバーは，支配の正当性あるいは正当性ある支配につ

いて，3つの理念型を提示した。ウェーバー研究は奥深く，様々な解釈が有り得るが，行政の権威性の視角から重要な点を紹介してみよう。

支配（Herrschaft）とは，主人（Herr）の特定の命令に対して一群の人々が服従することを，主人が想定できる状態である。他人に対して影響力や力を及ぼし得ることは，必ずしも支配とは限らない。単なる利害関心に基づく服従だけでは，主人にとって，支配は信頼し得る基礎を持つとはいえない。そこで，もう1つの動機が，正当性の信仰である。すべての支配は，支配の正当性に対する信仰を喚起し，それを育成しようと努めている。そのため，支配は正当性の要求という観点から，正当性を欠く単なる服従とは区別できる。

正当性ある支配における服従とは，服従者が，それが命令であるということ自体のゆえに，もっぱら形式的な支配服従関係だけのゆえに，命令自体の価値について服従者が自分の見解を考慮することなく，命令の内容が，あたかも自分の行為の基準であるかのごとくに，服従者が行動することである。簡単にいえば思考停止であるが，思考停止をする動機が，支配の正当性に対する信仰である。

勿論，現実の支配に対する従順性が，第一義的に，あるいは，常に，こうした正当性の信仰に準拠しているとはいえない。従順は，便宜的な理由から偽装されたり，物質的な自分自身の利害関係からなされたり，個人的な弱さや孤立などからやむを得ないものとして，甘受されることもある。つまり，正当性のない支配もある。

正当性のある支配には，合法的支配，伝統的支配，カリスマ的支配の3つの理念型がある。合法的支配が近代国家の基本的な正当性の型であり，その支配を行う組織が近代官僚制である。伝統的支配においても支配を行う組織が発達することもあるが，それは家産官僚制とされ，近代官僚制とは区別されている。

（2）3つの正当性

　第1は，合法的支配である。任意の法が，協議に基づく協定あるいは一方的な指令によって，制定されるが，制定法は，計算可能性を持ち合理的であるという観念を持つ信仰である。合理性には，目的合理性と価値合理性がある。目的合理性とは，任意の目的が与えられた場合に，その目的を達成するためにもっとも適切であることである。しかし，目的自体が適切であるかどうかはわからない。価値合理性とは，特定の目的そのものの価値が肯定的に設定されることである。

　正当性とは命令（ここでは法や法に基づく指示）の内容に関する思考停止であるから，目的合理性や価値合理性を，服従者は判断しない。型式的合理性を備えた法とは合理的なはずだという信仰である。

　第2は，伝統的支配である。主人の指令は，広い意味で伝統によって拘束され，正当性あるものとして服従される。実質的に伝統に拘束された主人の行為については，伝統として信じられた意味と規範との限界内において正当性を持つ。実質的に伝統から自由な主人の行為については，伝統が主人に恣意の余地を与えているとき，正当性を持つ。こうした伝統の制限を無視した主人の支配の試みに対しては，服従者は抵抗することもある。とはいえ，こうした抵抗は，「伝統主義的革命（維新）」であり，伝統的支配の体制そのものを覆すものではない。

　第3は，カリスマ的支配である。カリスマとは，非日常的なものとみなされた，ある人物の資質である。カリスマは，超人間的・超自然的・呪術的または少なくとも特殊で非日常的な，つまり，誰でもが持ち得るとはいえない力や資質を恵まれていると評価され，それゆえに指導者として評価される。

　カリスマの存在を決定するのは，「証し」によって保証された被支配者による「自由」な承認である。「証し」とは，例えば奇跡である。カ

リスマの承認は，敬虔で人格的な帰依である。個人カリスマの「証し」への帰依であるから，使徒や従士というカリスマとの間の限られた人間関係に限定されるようにも思われる。しかし，人民投票的な支配者への帰依でも，宗教的予言者や軍事的英雄についての熱狂的喝采でも可能であるので，ある程度の支配の広がりを持ち得る。

　大衆から支配者が直接に承認を受けるには，人民投票がもっとも適合的である。従って，人民投票的民主制は一種のカリスマ的支配である。それと同時に，現実のカリスマ的支配の実行のためには，従者団たちの帰依が必要である。デマゴーグ，独裁者，革命的権力奪取者などは，大衆と従者団と，両方からの帰依が必要である。

　カリスマと支配の実行に当たる行政との相性は厄介である。既存の行政職員は，人民投票においてカリスマ的支配者を承認しているとは限らない。すると，新たなカリスマは，自らに帰依する従者団を利用して，既存の行政職員を支配するか，あるいは，既存の行政職員を粛清して，帰依する集団に入れ替える。さもなくば，政策指向性と政治的党派性において，行政職員はカリスマの色に染まるしかない。

　近現代国家による政党指導者制もカリスマ的支配でも有り得る。選挙戦を勝利に導いた政党党首は，いわば「軍事」的英雄として正当性を得る。しかし，民主制においては，カリスマの正当性に依拠しない，指導者なき民主制も可能である。

3. 近代官僚制の権威性

（1）家産官僚制

　官僚制は，近代以前の支配体制においても見られる現象である。特に，専制君主が実際に支配を行うためには，それを実現するための組織

集団が必要だからである。こうした，近代以前の官僚制は，家産官僚制（patrimonial bureaucracy）と呼ばれる。家産官僚制は，奴隷や封建家臣団という身分的不自由者から構成されるが，近代官僚制はそうではなく，自由意思に基づく契約を前提とする官僚制である。

　江戸体制においても，旗本・御家人という武士（封建家臣団）から，実際の公儀（徳川幕府）の行政運営は行われていた。それを，ウェーバーがヨーロッパや中国を念頭に考えた家産官僚制と呼べるかには論争も有り得るが，公儀の支配組織においても一定の実力主義が作用していた。「ご静謐」と「天下泰平」のなかで，もともとは軍人である武士も，実質的には為政に携わる官僚身分となり，「お役」に着く。

　明治国家は「四民平等」と称して封建身分制を否定したので，自由な諸個人を行政職員に登用する。当初の藩閥は，維新革命を主導した西南雄藩との地縁に基づく忠誠を期待していた。しかし，藩閥の縁故による官僚制は，公平性も能力性も欠く。結果的には，文官（高等）試験によって，「立身出世」の自発性と能力主義をもとに，近代官僚制が形成された。

　もっとも，自由な諸個人から，階統制を構築するのは困難であるから，家産官僚制の身分制的・非自発的特質を継受した面も有り得る。明治国家の家産官僚制的な面として，江戸体制における「お目見え」に相当するものとして，「天皇への近さ」 という身分制的な秩序を埋め込んでいた。日本官僚制では，勅任官・奏任官・判任官の身分階級が存在し，上層者には宮中位階や爵位などが利用された。

（2）近代官僚制の基本特徴

　ウェーバーの議論をもとに，現実そのものではないが，理念型として近代官僚制の特徴を整理すると，以下のように整理できる。

　第1に，非人格的・客観的規則に従った継続的な業務遂行がなされる。規則性＝合法性が基礎なので，行政の取扱において公平性が見られる。また，規則に基づいて業務が行われるので，対外的にも行政活動は規則性をもたらす。規則によって客観的に定められた明確な権限の範囲内で，業務遂行がなされる。個々の行政職員や組織単位は，所掌範囲・責任や，命令権・制裁権・指示権などに基づいて，活動を行う。

　第2に，上下の指揮命令の一元化がなされた階統制である。上級機関は下級機関を指揮監督し，下級機関の決定を審査・取消できる。

　第3は，文書主義である。官僚制の活動はすべて客観的に記録・保存される。少なくとも最終決定は，文書で表示・記録・保存される。

　理念型として近代官僚制の特徴を敷衍（ふえん）すると，以下の **(3)(4)(5)** のように整理できる。封建制・近世的な身分制から自由になった諸個人により構成される組織が，階統制となり得るのは不思議である。階統制は，上命下服・命令一元制の特質を帯び，非人格的な規則にのみ従う権威性を獲得するからである。以下の官僚制組織の特徴は，そうした謎への一定の説明である。官僚制とは，行政職員が，行政職員および民衆に対して，権威性・合法性を演出する装置でもある。

（3）階統制

　第1に，官僚制組織は，独任制の上司のもとに，複数または1人の部下を配置する。上司―部下の連鎖を重畳させる階層化によって，独任制階統制組織となる（図4-1左）。上司は常に1人となる。そのため，部下は複数の上司から，異なる，ときに矛盾する命令を受けることはない。部下の間で意見が異なっても，共通の上司が一元的に裁定できる。

　また，部下も基本的には独任制として，1人で仕事をする。特に，部下であっても中間管理職になる場合には，さらに下層の部下にとっては

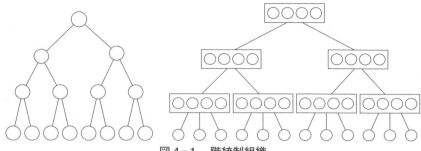

図4-1　階統制組織

　上司であるから，部下であっても原則として独任制となる。もっとも，独任制の上司―部下の関係においても，併任制が導入されると，上司が複数になるという現象が発生し得る。

　理屈上は，上司が合議制であっても，階統制を組み上げ得る（**図4-1右**）。合議体として意思統一し，それの方針に従って部下に指揮命令すればよい。近代官僚制は，合議制ではなく独任制を中心とする。合議制組織はメンバー間の意見対立・衝突・妥協が不可避であって，決定が遅延しがちであり，またメンバー間の妥協の産物のゆえに決定に一貫性が欠如しがちだからといわれる。独任制の場合には，1人で決定するから，妥協の余地なく的確・理路整然とし，迅速性・統一性・安定性のある決定ができるといわれる。

　もっとも，1人で決定する方が，人格的に左右され得るので，かえって一貫性も安定性もないかもしれない。また，非人格的・客観的規則に基づく決定ならば，合議制でも独任制でも同じ内容になるはずである。とはいえ，同じ決定になるならば，独任制の方が能率的といえよう。

　官僚制組織の最末端の部下の場合には，命令一元化原理における上司の役割を果たさないので，集団的な仕事も可能である。例えば，「大部屋主義」（大森彌）とは，執務室を一所とした課を単位とする集団的な

業務遂行のことを指す。しかし，原則は最末端の部下も独任制となる。複数の部下で共通の職務を行うと，担当者によって対外的に異なる取扱をすることになりかねないからである。とはいえ，集団で同一の仕事を協働し，集団として一貫した取扱をすれば，問題にはならない。

　第2に，上司から見た部下の数は，「統制範囲」や「管理範囲」と呼ばれる。部下の数が多すぎれば，上司の指揮監督が実質的には及ばなくなる。上司の能力，上司を補佐する組織の能力や，仕事の複雑度合いや類似した仕事の総量などにも左右されるが，上司から見て部下はある程度の数に限られる。上司の統制範囲が広いときは，階層数は少ない「フラット型組織」になる。しかし，上司の統制範囲が狭ければ，階層数が増え，より急峻なピラミッド型の組織になる。

　フラット型組織が部下の自律性や責任性を増すといわれるのは，部下の決定をチェックする上司の余力が小さいことに拠る。統制範囲が広くなれば，1人の上司が1人の部下の起案や上申を検討する仕事は小さくなる。また，ピラミッド組織であれば，末端の部下の起案や上申は，何階層にもわたる上司のチェックを受ける。部下と多数の上司との協働作業になるため，部下には自律性も責任性も小さくなる。フラット型組織では，末端の部下が，実質的に組織の決定を大きく左右する。過剰なフラット型組織では，実質的には，それぞれの部下が自律的に決定することもある。しかし，上司が的確に指揮監督すれば，上司と部下の一対一の関係で，迅速な決定が可能になる。

　第3に，階統制組織は上命下服である。近代社会では身分制は否定されているが，官僚制内部の権限や階層の上下関係は，現実的には身分制的になり得る。特に，終身雇用制で，辞職・転職の自由が実質的には乏しいときには，不可避的に発生する。さらに，官僚制自体が，内部で処遇の異なる官僚集団を編制する場合，その傾向が強まる。例えば，キャ

リア・ノンキャリア，将校／士官／兵士，正規職員／非正規職員のような格差である。

　現実の階統制内部での上命下服は，抑圧の連鎖でもある。階統制の上方から「抑圧移譲」され，下層（係長・下士官クラス）において特に激化する。階統制内において，下層職員は自己の満たされない欲求不満・鬱屈を強く持ち，より弱い立場の最下層職員に転嫁する。ハラスメントや職場いじめなどは，階統制の悪しき権威性の現れである。さらに，最末端の職員が，不満を組織外部へ抑圧移譲すると，人々，受給者，事業者などに対する横暴に繋がる。もっとも，上司から監督されないがゆえに，外部に対して横暴に振舞う下層職員もいる。

（4）公私分離原則

　近代官僚制では，運営資源の公私分離の原則が見られる。官僚制的な行政による業務遂行のための行政資源は，個々の担当者個人の私生活における私的資源とは明確に区分される。従って，官僚制における業務活動と担当者個人の私的生活とは明確に区分される。組織と個人，あるいは，公私の区分を明確にする。それゆえ，私物や私的資源によって，公的な官僚制組織での業務遂行はしない。官僚制における業務活動に必要な資源や資材・施設などは，官僚制から支給される。前述の文書主義も公私分離と一体である。官僚制の活動は，官僚制の保有する公文書によって行われる。私物としての私文書に基づくものではない。

　官僚制の業務を私的資源を用いて遂行するのは，家産官僚制の特質ともいえる。私財を擲たなければ，官僚制の任務を遂行できないのであれば，官僚制は持続可能性を持たない。逆に，家産官僚制の業務に持続可能性があるならば，業務遂行をしながら私財を蓄積していることになる。官僚が職務遂行において私的資源の増減に動機付けられるならば，

非人格的・客観的規則に基づいた業務遂行はできない。また，官僚になるために私財が必要であれば，官僚制内部の非人格的・客観的規則ではなく，外部社会の経済状態における経済動機が優先されてしまう。

　公私分離の原則から，官職の私有・専有も排除される。官僚制の官職は，明確な規則で設定された権限の体系である。それが個々の人間に私有・専有されれば，明確な規則が貫徹せず，「私的財産」的に自由・任意に処分できてしまう。官職が私有でないから，官職の売官制・世襲制も否定される。当然に，担当している行政職員は，官職を任意に売買できない。官職が売買されるのでは，業務遂行について規則や上司に従うのではなく，売買に伴う私的利害や市場取引に規定されるからである。また，私的財産ではないから，官職を相続できない。家産官僚制の場合には，家柄や血統によって官職や役目が相続される面がある。これは官僚制を規定する規則（能力主義など）とは別個の論理（世襲制）で官職の担い手が変わることである。

　もっとも，官職の売官制・世襲制が，非人格的・客観的規則によって規定されれば，その限りでは規則に基づく官僚制といえるかもしれない。従って，職務の公私混同や官職の私物化が否定されるのは，単に非人格的・客観的規則に従うためだけではなく，組織の上命下服を規定した特有の規則を，個々の官僚に対して貫徹するためなのである。

（5）任命制

　近代官僚制では，職員の人事は任命制が原則である。下位者の採用・昇進を上司が握ることで，命令一元化などの規律を保持できる。任命制が重要なのは，例えば，選挙制と比較すれば明らかである。ある官職に個人が選挙で就任すれば，その人は，上司や組織ではなく，投票権者の意向に従うだろう。それゆえに，選挙制の職員を階統制に配置すると，

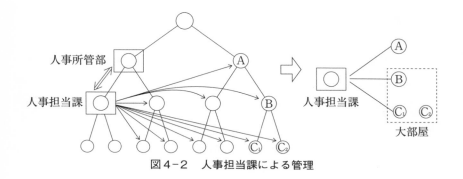

図4-2 人事担当課による管理

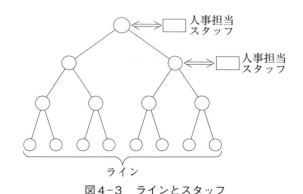

図4-3 ラインとスタッフ

上命下服は機能しない。但し，最高官職についての選挙制は可能である。そもそも，任命制という概念は，上位者が下位者を任命することであり，最高官職に関しては成立しない。その意味で，階統制組織である官僚制は，実は，最高官職は非官僚制的な特質を持つ。

　現実に任命を行う上位者をどこに設定するかは，権限配分の難しい問題である。指揮監督は直属上司から行われるとすれば，直属上司が直下の部下を任命すべきとなる。何階層かの離れた上層上司による任命制であるならば，部下は直属上司の命令に従うよりは，任命権を持つ上層上

司の指揮監督に従う。直属上司にどの程度の人事に関する権限を与えるかによって服従のあり方は変わる。

　現実の日本官僚制では，通常は人事担当課のような部署が人事権を握っている。直属上司は人事担当課に対して，様々な推薦や勤務実態などの情報提供はできるが，最終的には人事担当課が判断する。個々の職員は直属上司に服従するよりは，潜在的に人事担当課の意向を気にする。人事担当課に服する意味では，直属上司も直属部下も同じ対等な立場に立つ。そうなれば，組織の上司部下の間も，合議制のような協働作業になる。こうした状態は「大部屋主義」に整合する。

　人事担当課が任用を集中的に管理する状態は，上命下服とは微妙な関係に立つ。人事担当課が集中的に任用を行うと，通常の階統制のラインとは別個に，人事担当課が別の上命下服の経路を持つことになる（図4-2）。これは，階統制組織の否定である。業務上の指揮監督を行うラインと，任用上の指揮監督を行う人事系統が別れるので，上司や指揮命令系統が複数に別れる。人事担当課が階統制のラインとは独立した別個の指揮命令系統にならないためには，あくまで，どこかの階層の上司を補佐する人事担当スタッフとして位置づけるしかない（図4-3）。上司を補佐する人事担当スタッフは，指揮命令はしない。

参考文献

アルブロウ，マーティン『官僚制』福村書店，1974年
ウェーバー，マックス『権力と支配』講談社学術文庫，2012年
大森彌『官のシステム』東京大学出版会，2006年
サスカインド，ローレンス・E．クルックシャンク，ジェフェリー・L．『コンセ

ンサス・ビルディング入門―公共政策の交渉と合意形成の進め方』有斐閣，2008
年

佐藤優『外務省犯罪黒書』講談社，2015年

新藤宗幸『行政指導』岩波新書，1992年

金井利之（編）『縮減社会の合意形成』第一法規，2018年

野口雅弘『官僚制批判の論理と心理』中公新書，2011年

野口雅弘『忖度と官僚制の政治学』青土社，2018年

丸山真男『超国家主義の論理と心理　他八篇』岩波文庫，2015年

水谷三公『日本の近代13　官僚の風貌』中央公論新社，1999年

水谷三公『江戸の役人事情―『よしの冊子』の世界』ちくま新書，2000年

 1．同意による行政の長所と短所を考えてみよう。
2．近代官僚制の特質についてまとめてみよう。
3．大部屋主義と官僚制の関係について，論じてみよう。

5 │ 行政の区別性

《ポイント》 行政は，行政対象をAとBに識別し，それに応じて対処を決定する。あるいは，異なる対処をするために区分するといえる。それゆえに，AとBに分類されることは行政対象にとっては重要なことが多く，また，行政の権力性が露わになる。とはいえ，分類には常に過誤がまとわりついている。分類は選別と排除にもつながり得る。
《キーワード》 分類，漏給・濫給，過誤，基準，裁量，原則／例外，排除／包摂，普遍／選別

1．分類と基準

（1）行政対象の分類

　行政は，行政対象をAとBという2つの集団に識別して，Aに対する取扱と，Bに対する取扱を分けることが多い。さらにいえば，膨大な数の集団に分類して，それぞれに異なった取扱をすることが多い。

　例えば，すべての国民の最低限度の文化的な生活を保障することが生活保護の目的であるが，結局のところ，受給者という集団Aと，非受給者である集団Bとに区分することが，生活保護行政の基本的な仕事である。これを保護決定という。そして，受給者という集団Aには保護費を支給し，非受給者である集団Bには保護費を支給しない。

　集団Bのなかには，自分は生活に困っていないと思って，そもそも相談や申請にも来ない人がいる（集団B-1）。しかし，生活に困窮して，

実は申請すれば保護決定が受けられるが，申請しないために非受給者の人もいる（集団 B−2）。こうした仕組を申請主義といい，行政は申請がなければ受給者にしない。

　生活に困窮して相談に来たにもかかわらず，行政の現場で色々言われて申請を諦めて，非受給者となる人もいる（集団 B−3）。こうした取扱を，申請させないという意味で「水際作戦」という。

　また，申請したが，行政から認定が受けられないために，非受給者になる人もいる。この場合，行政の判断ミスで，本来は受給資格があっても，非受給者になる人もいる（集団 B−4：狭義の漏給）。あるいは，本来も受給資格がないために，非受給者になる人もいる（集団 B−5）。

　また，集団 A においても，本来の受給資格があるがゆえに，正しく保護決定を受ける人がいる（集団 A−1）。しかし，受給資格がないにもかかわらず，行政や申請者の過誤や不正によって，受給者になってしまうこともある（集団 A−2：濫給・不正受給）。

　行政対象を集団 A と集団 B とに区分することが，行政の業務の基本であるとしても，かなり複雑な分類をしている。さらに，保護決定されると，今度は支給すべき保護費の金額を決定する。支給金額で受給者（集団 A）を分ければ，潜在的には無限に近い膨大な集団に下位分類することになる。他の社会保障制度では，例えば，介護保険のように要介護・支援認定が 5・2 段階であれば，集団 A は 5・2 集団に細分される。

（2）分類の権力性

　行政は行政対象を異なった集団に分類し，その集団ごとに異なる取扱をする。その取扱が，行政対象から見て，どちらでも構わないのであれば，大した問題にはならない。行政から見ても，どちらでも構わないのであれば，分類する意味がない。行政の内部的な事務上は意味がある

表5-1　分類と権力関係

	人々の希望	行政の本意	行政の表示	決定結果	権力の所在
権力関係	A	B	B	A	人々
	A	B	B	B	行政
隠然関係	A	B	A	A	不明 (人々の圧力)
当然関係	A	A	A	A	不明
忖度関係	A	A	B	B	行政 (外部の圧力)
超越関係	A	A	A	B	外部

が，行政対象から見ればどうでも良い分類もあろう。しかし，通常は，行政対象にとって，どちらの集団に分類されるかは意味がある。行政対象を分類するときに，行政の権力性は露わになる。

　集団Aに分類されることは人々にとって望ましく，集団Bは望ましくなければ，人々は，集団Aに分類されることを求める。行政が人々の望まない分類Bをすれば，行政の強大な権力が可視化される。逆に，行政が人々の圧力に屈して，行政の意図には反するにもかかわらず，人々の希望通り分類Aに分類せざるを得なければ，行政には権力がないことが露呈される。もっとも，行政はその意図に反して人々の要望に屈服したことを公式に認めることは，正当性・合法性・公平性を持ちにくい。そこでこうした事態は隠然化していく。

　行政も人々も同じような結論Aを求めているにもかかわらず，外部の圧力によって結論が異なるBになることも有り得る。このような超越関係になれば，行政や人々とは別の外部に権力があることが可視化される。しかし，例えば，外部権力が行政を支配できれば，行政の意思表示自体が忖度によって予めBに修正されてしまうので，外部によって行政

の意図が変わったことは可視化されない。

　例えば，外国人をサービス対象Aに分類しようと行政が考え，また当該外国人も望んでいると，当該外国人はサービス対象Aに分類されるはずである。しかし，外部の様々な圧力に屈して，サービス対象から外されるならば，権力の所在が外部であることは明らかになる。しかし，行政がこれらの圧力を忖度して予めサービス対象外Bに分類すれば，外部の圧力は見えにくくなる（表5-1）。

（3）分類の過誤

　行政は行政対象を分類して，それぞれに応じた適切な取扱をすることが期待される。しかし，適切に分類を実現できるとは限らない。例えば，生活保護では2種類の過誤が指摘されてきた。第1は，生活保護と認定すべきなのに，保護決定をしない漏給である。第2は，生活保護と認定すべきでないのに，保護決定してしまった濫給である。

　一般化すれば，行政がAと認定すべきなのにBと認定してしまうこと，あるいは，行政がBと認定すべきなのにAと認定してしまうこと，と表現できる。どちらの過誤も問題を孕む（表5-2）。

　極端な対処をすれば，一方の過誤は必ず回避できる。例えば，すべての生活保護の申請に対して保護決定しなければ，濫給は生じない。逆に，すべての申請を容認すれば，漏給は生じない。その意味で，2つの

表5-2　適切と過誤

		真正の分類	
		A	B
行政による分類	A	適切	過誤
	B	過誤	適切

過誤は，極端な場合でいえば，トレードオフの関係にある。

　しかし，現実にはこのような極端な行政の取扱は許容されない。分類という当該事務の根本を否定するからである。そこで，適切な分類に行政は努める。通常の場合には，両方の過誤が同時に発生する。実際には，できるだけ濫給を避けようと偏差を掛けて，「厳格」に当たれば，漏給が多くなる。逆に，できるだけ漏給を避けようと偏差を掛けて，「柔軟」に当たれば，濫給が多くなる。その意味で，両方の過誤は，実態的にはトレードオフである。

（4）分類の仮構性

　分類の過誤は，真正の分類の存在が前提である。あるべき真正の分類は，観念的には必ず存在するはずである。しかし，現実に可視的なのは，行政実務による分類だけであり，それが真正の分類と合致しているかは，分類の当初には判断できない。行政対象側の異議申立や，行政と行政対象との権力過程のなかで，行政または行政に代わる司法や政治などによって，「真正の分類」が認定されるときに，初めて，「過誤・適切」が明らかになる。しかし，それは，真正の分類である保証はない。

　さらにいえば，そもそも，真正の分類が本当に存在し得るのかは，自明ではない。例えば，地震予知行政においては，地震が起きるときに地震を予知し，地震が起きないときに地震を予知すべきではない。地震が起きるときに地震を予知せず，地震が起きないときに地震を予知することは，いずれも過誤である。野球の打者の例えで，前者は「見送り」であり，後者は「空振り」である。しかし，地震が予知できるという想定は，必ずしも自明ではない。地震予知ができないならば，予知すべきものを予知し，予知すべきでないものを予知すべきでない，という前提自体が成り立たない。行政はまず，地震予知ができるという認定を行って

いる。予知できる現象と予知できない現象のうち，地震は予知できる方に分類している。

　一般化していえば，真正の分類ができない行政対象を，無理矢理に行政が分類すると，常に過誤が発生する。非A非Bという真正の分類をAまたはBと分類するからである。分類できる事柄と分類できない事柄とを「分類」する，という行政の前提段階（メタレベル）での「分類」の過誤ともいえる。

2.　基準と裁量

（1）分類基準と適用

　個々の行政対象に直面して，行政職員が恣意的に分類することを回避するために，一律の基準が利用される。行政対象ごとに何の基準もなく分類を決定することは，為政者の思い付きである。こうした専制権力が正当性を持ち得るのは，為政者がカリスマのときだけであるが，通常の為政者はカリスマの持ち主ではない。それゆえに，非人格的・客観的規則としての基準が，合法的支配として正当性を有する。

　非人格的・客観的な規則に基づく一律の基準によって，個々の行政対象が分類できるのは，興味深い。すべての行政対象を一律に取り扱えば，結果として分類が不能または不要になるのが，自然かもしれない。「法の下の平等」では，すべての人は法という基準の適用では，分類されない。ある人Aにはα法という基準が適用され，ある人Bにはβ法という基準が適用され，ある人Cにはそもそも法という基準が適用されない「ホモサケル（剥き出しの生)」のときには，基準の有無それ自体で，人は分類・差別されている。

　にもかかわらず，基準が個々人などの行政対象に一律に適用される

と，行政対象は分類される。むしろ，行政対象を分類するために，一律の基準が個々人などの個別の行政対象に適用される。個々の行政対象を表現する個別の因子・指標が，一律の基準に当て嵌められ，結論として，行政対象の分類結果が得られる。方程式や計算式は，こうした基準の典型的な表現である。

（2）裁量と管理

　実際に行政対象に直面して分類を決定するのが，末端の第一線職員または「街頭官僚（street-level bureaucrat）」と呼ばれる行政職員である。少なくとも，行政対象から見れば，第一線職員が，分類の権力を揮うように見えるし，実際にも揮うことがある。末端職員の分類決定が，そのまま行政の決定になるとき，末端職員が行政の最高権力者となる。こうした事態は，行政組織の上層部・幹部にとっては，必ずしも望ましいことではない。それゆえ，行政組織は末端職員を管理しようとする。

　このときにも，組織内の基準が用いられる。末端職員が行いかねない恣意的な分類を防ぎ，組織として一貫した分類を行うように，上層部・幹部または組織が末端職員を管理するために，基準は対内的にも用いられる。末端職員が基準に従って分類の決定を行うとき，組織または組織が定めた基準が権力を持つ。少なくとも，末端職員が，対内的な基準に縛られて，対外的に基準を適用するとき，末端職員は権力を持たない。分類される行政対象から見れば，末端職員は組織としての行政の象徴である。しかし，末端職員に働きかけても何らの変化も得られないため，非人間的・非人格的な壁のような存在となる。

（3）原則・例外

　行政とは分類に分類が積み重なった，区別性の構築物である。例え

ば，民間事業者や地権者が企画している土地開発を，認める／認めない
に区別する。そのためには，原則自由にして例外的に開発を認めないと
いう「建築自由の原則」という組み立てと，原則禁止にして例外的に開
発を認めるという「建築不自由の原則」という組み立てがある。

　原則自由方式は，人々の自由に配慮して，行政への人々の納得性も高
まるようにも思われるが，例外禁止をされる人は，強い反感を覚えるか
もしれない。原則自由が所与であると，禁止をされた人は行政から不利
益な取扱をされたことになるからである。これに対して原則不自由方式
は，不自由な社会であるから，人々の行政への不満が高まるように思わ
れる。しかし，例外許可される人は，強い満足を覚えるかもしれない。
これは上記の逆であり，原則不自由が所与であると，行政から便益を受
けたからである。原則不自由方式の方が，行政としては区別を実行しや
すい。しかし，原則不自由という初期状態を作ることは，権力を要する。

（4）分類の強靭化

　行政による分類は，行政の取扱に差異をもたらすため，行政対象から
様々な圧力・要望や反発・抵抗を受ける。このため，行政は分類を適切
に決定し，また，維持することは容易ではない。そのために，行政は分
類において色々な工夫を行う。

　第 1 に，行政対象の分布状況との対応である。行政対象が「双子山」
状態であれば，中間の凹んだあたりで分類をすれば，比較的に納得は得
やすい（図 5 - 3 左⓪）。しかし，行政対象が「正規分布」状態であれ
ば，中間の凸あたりの分類はもっとも困難である（図 5 - 3 右①）。それ
ゆえ，分類は左右の端の方で線引きする（図 5 - 3 右②③）。とはいえ，
どこで分類をしても，境界付近では常に論争的になる。ほとんど違いの
ない行政対象がＡとＢに分けられてしまうからである。「双子山」状態

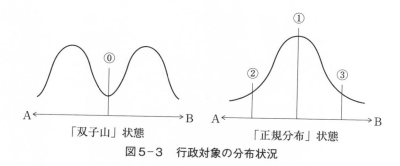

図5-3　行政対象の分布状況

であっても，実は同じである。

　そこで，AとBに分類するときには，行政対象の多数がより有利な取扱を受けるように，線を引くことになる。例えば，建築物に新たな規制を課す場合には，多くの既存物件が違反状態になると，分類は反発を受けて実効的にはならない。そこで，まずは既存不適格として，既存物件はそのままの状態でも違反には扱わない。規制は未来に対してのみ適用し，遡及効果をもたらさないようにすることが多い。また，未来に対する規制も，世の中の趨勢を反映し，あまりに多くの物件計画が違反状態になるような分類は行わない。つまり，大多数の適合物件と少数の違反物件とに分類するのが普通である。権威受容説（バーナード）と同様に，行政対象の多数派工作を行うのである。

　第2に，行政対象の同意を得られる範囲で分類を行う。同意が得られれば，その限りで分類への異論は生じない。同意を得られないとしても，同意に向けた合意形成の努力を行う。例えば，児童虐待などに関して児童の保護措置に踏み切るときには，基本的には親の同意を得るようにしているが，それに至らなくても相談を続ける。一般化していえば，不利益処分を行おうとするときに，行政指導を繰り返すことで任意に納得を得るように努めることが普通である。

　または，個別の行政対象の同意を得られないとしても，行政対象の集団の大まかな同意を得るようにする。例えば，個別事業者に対する許可・不許可の分類については，当該個別事業者からの反発を受ける可能性がある。そこで当該個別事業者に対する適正手続や行政指導を行うだけではなく，個別事業者を含む業界団体を通じて合意形成を行う。

　第 3 に，分類の複雑化である。境界事案には，様々な苦情や陳情がなされる。そこで，多種多様な行政対象に際して，様々な観点に着目して分類区分が変えられるように，分類作業を複雑化していく。

　1 つには，分類の手続を複雑化する。色々な段階を設定し，順々に手続を進行させて，最終的な分類に至るかたちにする。このような過程を経ることは，望ましい状態に分類される可能性への期待を持たせる。また，最終的な分類に至るまでに納得へと繋がる。また，行政職員も，分類の結論の是非に関する思考停止が容易になり，手続を順々に進行することに職務を矮小化していける。

　2 つには，実体的な分類基準を複雑にしていく。実体的基準が複雑化すれば，色々な事態にも対処できる。原則・例外を何重にも組み合わせていく。例外なき原則はなく，原則は A に分類されるが，一定の条件で「有利」な B に分類され，そのなかでもさらに特定の条件のもとでは A に分類される……，と複雑化していく。このように「有利」な B に分類され得る「救済」可能性を複雑に組み込んでおけば，行政対象の不満は，A と B に分類する行政の取扱それ自体に向かうのではなく，希望する分類 B に入れられないことに向かい，さらに，分類 B に入れる例外条件に該当するかどうかに議論が収束していく。行政職員の側も，結論の妥当性を判断することを思考停止し，基準に該当するかどうかの細かい当て嵌めに職務を矮小化できる。

　第 4 に，分類作業の必要性・妥当性についての物語を構築する。ある

政策目的に即して，行政対象を分類して取扱を変えることを，目的合理的な目的手段連鎖として設計する。そのため，分類基準や差異ある行政の取扱の妥当性を根拠付けていく。そこで動員されるのが専門性である。専門知識の多くは，aならばA，bならばB，という区別性の知的体系であり，しばしば因果関係の法則として記述される。例えば，ある物質をある分量aで排出すると，結果としてAという環境破壊または人的被害をもたらすという知識である。そして，要件効果関係として基準化・規則化される。a未満という排出基準を要件として設定し，それに伴って，行政による制裁などの効果を設定する。

　多くの専門知識は，分類の適切性・妥当性を検討する。従って，行政はこれらの専門性を活用することによって，分類の必要性と妥当性を行政対象および行政職員に納得させていく。

3．区別の有無

（1）分類の不適切性

　行政は行政対象を，分類項目を前提に区別する。例えば，個々人について，男性または女性という二項分類を用意し，戸籍や住民票や申請書類に記載させる。そして，男性・女性の分類に応じて，行政の取扱を変えることは，広く見られて来た。例えば，警察官の男女別定員・採用試験の差異，県立高校の男女別学制や，母子家庭支援（父子家庭には支援しない），男女別名簿順，母性保護の名目での労働規制の差異，女性特有の保健健診などである。

　これらの分類は，不適切な取扱かも，適切な取扱かもしれない。例えば，上記の男女別分類がジェンダーバイアスを内包しているかどうかは，重要な課題である。男女別名簿が，男子優先を内面的に教育するた

めの分類であるならば，男性優位論者にとって適切であり，男女共同参画論者にとって不適切である。ジェンダーバイアスを排除するために，男女別の分類をなくすべきかも難しい。ジェンダーバイアスを是正するために，男女別での実態把握を行政がしなければならない場面もある。例えば，議員や行政職員の男女比を是正するためには，男女別の統計が必要である。

　また，表面的には分類によって行政の取扱が異ならないとしても，社会の実態的には異なる取扱に繋がるものも多い。そもそも，行政の取扱が異ならないならば，行政が分類する意味がないはずである。表面的に同一の取扱と主張していても，それは建前にすぎない場合がある。

　あるいは，分類項目が適切でないこともある。例えば，LGBTQ を含む個々人を，異性愛指向を内包する男性・女性の二項分類に押し込むべきなのか，という問題もある。さらに，性的指向・性自認にかかわる自分自身の在り様を行政に対して表明（coming-out）させてよいのか，という問題もある。そもそも，分類をする必要があるのか，という問題もある。つまり，二項分類が適切なのか，より詳細な分類区分をすべきなのか，そもそも，分類それ自体が不適切なのか，という問題が存在する。

　行政は，様々な分類を用意するが，その分類は必ずしも適切とはいえない場面が登場する。しかし，しばしば行政は，行政対象に併せて分類を是正・廃止するのではなく，自らが設定した分類に合わせて，無理矢理に行政対象を区別することで，行政を作動していく。こうした無理に分類される行政対象は，多くの分類に不可避的に発生するが，例外・逸脱や限界事案として無視または放置される。完全な分類は有り得ない以上，現実的には，多少の不具合はやむを得ないと弁明する。不適切な分類に伴って行政対象に与える不都合を無視し，近似的なまたは乱雑な分

類を強行するのも，権力性の現れである。行政対象は行政が押し付ける分類に，自らの形を押し込めて合わせるか，逆に，行政に対して，適切な分類を求めたり，分類自体の廃止を求める。

　しかし，行政が強要する分類に対して「多数派」は違和感を持たない。こうして，既存の二項分類も簡単には否定されない。二項分類を維持しつつ，二項分類の否定も受け入れるときには，行政の分類は「A・B・不明」という形態になる。あるいは，二項以上分類のときには「A・B・その他」という形態になる。しかし，そもそも分類を否定すれば，こうした情報は不要になる。

（2）選別／普遍と包摂／排除

　行政はすべてについて分類を行うのではなく，分類する行政対象と，分類しない行政対象を，適宜，組み合わせている。分類するか／しないかの区別をし，前者のときに分類を行う。大きなグループに分類することは，より細かい区分を否定することでも有り得る。しかし，大きな分類グループ（類）のなかに，小さな分類グループ（種）を入れ込めば，より細かい区分も否定していない。

　行政が分類を行い，特定の区分に特定の取扱をするのが，本書でいう選別主義である。これに対して，分類を行わず，すべてに同一の取扱をするのが，本書でいう普遍主義である。例えば，一定の就学年齢に達したならば，すべての児童に公立小学校教育サービスを提供するのが普遍主義である。例えば，貧困・多児養育・片親などの特定の保護者に対してのみ手当を支給するのが選別主義である。

　本書でいう普遍主義と選別主義は，あくまで方向性や傾向性であり，相対的である。例えば，公立小中学校教育が就学年齢の子どもに対しては普遍主義であるが，学齢主義に立っている点で，誰でもが希望をすれ

ば公立小中学校に行けるわけではない。その意味では，学齢・年齢による選別主義である。公立小中学校教育が強度の普遍主義に立つならば，どの年齢であっても誰でも教育を受けられなければならない。実際に問題になるのは，ある区別を選別／普遍のどちらの方向に動かすことが，より妥当性を増すのかである。

　選別主義への対策が普遍主義になるとは限らない。ある選別主義の問題に対処しても，別の選別主義になることもある。例えば，学齢主義の公立中学校教育は年齢による選別主義である。そこで，中学校教育を充分に受けられなかった大人にのみ夜間中学校を限定すれば，新たな選別主義である。教育程度・学力・成績の低い人間に限定して提供しても，選別主義である。学齢主義であれば，成績や出席状況・学習態度のいかんにかかわりなく公立中学校の卒業になるが，成績や出席状況による選別主義を導入すれば，中学校を「落第・留年」させられて，15歳以上でも中学校に選別される。

　選別の多層的な結合が，排除と包摂である。排除は，行政対象を分類して，他とは異なる取扱をする。ときに，少数派・不利な集団への劣等処遇を伴う。最も典型的には，行政サービスをしないという取扱である。しかし，例えば，スティグマ付福祉給付の場合には，福祉給付という行政サービスは行う。但し，社会の多数派からの排除を伴っている。その意味で，「福祉依存」と「自立」という分類を行い，前者の集団を排除する。とはいいながらも，行政サービスからの完全な排除ではなく，包摂したうえでの排除である。「水際作戦」によってスティグマ付福祉受給からも排除する状態とは，位置づけが異なる。

　例えば，障害児に「就学猶予」という形で学校に来させなくすることが，単純な排除である。養護（特別支援）学校（教室）という別の学校（教室）に就学させるのは，障碍児に分類した選別主義である。学校教

育には包摂するが，普通学級からは排除する。それゆえに，普通学級への通学を求める当事者運動があり，また行政職員・教員や児童生徒の対応の工夫がされた。インクルーシブ（inclusive）という意味での包摂は，普通学級からの排除をも否定するものである。

　そこでは，そもそも「障碍児」と「健常児」の区別を否定することもあった。とはいえ，包摂は画一的な取扱を意味するのではない。包摂のなかに，多様性があり，それぞれに適した，実質的妥当性のある対応をする。多様性／実質的妥当性ある包摂を目指しても，社会自体の排除の圧力などにより，一定の対応の工夫として双方の重荷になるときに，むしろ，学校側，保護者側，生徒側，特別支援学校・学級への排除（あるいは「自発」「善意」的排除）が進むこともある。個人別の実質的妥当性の追求が，包摂を否定し，個別支援として個人的に排除・選別されていくことが，多様性の名目で進められることもある。

（3）選別／普遍の選択

　行政は，分類区分ごとに，限定した取扱をすることが普通である。すべての行政対象への普遍的な対処は，行政費用が大きくかかると想定される。例えば，同じ財源ならば，貧困家庭に給付を「選択と集中」した方が，すべての家庭に広く薄く給付するより，一見すると有効性・能率性が高い。例えば，小学校は普遍主義であるが，保育所サービスは選別主義であり，保育所整備の財政負担を回避して来た。

　選別主義には，それに特有な費用や問題もある。第1はスティグマの問題である。例えば，特定の行政対象を分類して，一定の集団にのみ福祉給付を行うことは，結果的には，行政によって負のレッテルを貼ることになりかねない。仮に，福祉給付という行政的には本人の利益になる分類であるとしても，社会的には差別や軽蔑を招きかねない。そうなれ

ば，貧困解消という目的自体を達成できない。なぜならば，スティグマを恐れて，受給すべき人が受給を躊躇する。あるいは，金銭的な貧困を解消したとしても，価値的な貧困を解消しないどころか，むしろ，問題を行政が悪化させてしまう。そのような観点からは，全員に普遍主義的に金銭給付するベーシック・インカムが提唱される。

　第 2 は，分類の妥当性を巡って，様々な業務が発生する。例えば，一定条件を満たすときに福祉給付をする選別主義では，行政職員は様々な情報を収集し，基準に照らして判定する。業務が複雑であるため，福祉関係財源の一部が，受給者に回らず，行政職員の事務作業に消えてしまう。また，事務作業は行政側だけではなく，行政対象側にも大きくのしかかる。複雑な要件に合致するように，必要な書類などを揃えなければならない。そのため，福祉受給のために，さらなる負担を負うことになり，受給による純益を減らす。さらに，分類作業には常に過誤が生じる。分類するがゆえに，漏給と濫給が発生する。

　選別主義の弊害が大きい場合には，普遍主義への移行を進めるかもしれない。被治者・民衆一般や具体的な行政サービスの対象者側としても，行政職員側としても，普遍主義には選別主義に伴う問題を回避できる利点がある。しかし，普遍主義への抵抗も有り得る。

　第 1 は，有効性・能率性の観点である。例えば，福祉給付において，必要性の乏しい行政対象にまで給付することには，「ばらまき」批判が発生する。あるいは，道路や建物・施設をユニバーサル・デザインにすれば，移送支援は必要なくなり，すべての人々に便利になる。とはいえ，エレベーターなどの整備に費用と時間が掛かる。

　第 2 に，選別主義のもとで選別されている集団が，「特権」「既得権益」を持つ場合には，普遍主義への移行に，当該集団が抵抗する。例えば，法人税における各種の租税特別措置（非課税・減税など），一般消

費税の軽減税率，個別物品税，金融所得分離課税など，それぞれに有利な区別がなされている勢力は，こうした「既得権益」の廃止に抵抗する。もっとも，「既得権益」として「問題」視されること自体が，選別に伴うスティグマかもしれない。

（4）個体／集団

　行政の区別性は，集団のまま分類することもあるが，最終的には個々人や個別企業などの行政対象の個体に帰着することもある。例えば，交通違反の取締は，違反者と非違反者という集団に区別するが，実態は，個々の運転者をどちらの集団に分類するかの問題であって，個体を特定した取扱にほかならない。非人格的・客観的な規則は，最終的には，個体性を特定して，人格的に適用されることもある。

　行政は行政対象の個体識別をする。そこでは，行政対象は，集団のまま分類されているのではなく，最後は個体別の把握がなされている。例えば，行政は住民登録・国民把握の仕組を整備し，一定の技術水準を前提に，個体への区分を行う。その1つが個人番号制（国民総背番号制）である。個々人に総背番号を付番しておけば，コンピューターがなくても管理できるので，20世紀後半に一部の国で導入された。また，日本は，総背番号ではなく，戸籍制度で個体識別を行った。つまり，氏名に加えて，本籍地市区町村住所（地番），戸籍筆頭者との続柄や両親の情報，生年月日の情報を組み合わせることで，実質的に個体識別が可能であった。

　こうして，行政は個体の追跡可能性（traceability）を高める。個体としての行政対象の実情に即応した取扱をするには，また，多角的に整合した行政の取扱をするには，個体を総合的に「まるごと」特定して把握することが，適切性を増すかもしれない。多様な取扱も，非人格的・客

観的に公平・画一に適用される規則に基づいて正当化される。しかし，多数の規則が同時に適用される個体は唯一になるとき，実質的には人格的・顕名的な取扱となる。区別性は極限では個体性の把握である。

参考文献

アガンベン，ジョルジョ『ホモ・サケル　主権権力と剥き出しの生』2007年，以文社

荒見玲子「公と私の新たな境界線」宇野重規・五百旗頭薫（編）『ローカルからの再出発』有斐閣，2015年

岩永理恵『生活保護は最低生活をどう構想したか──保護基準と実施要領の歴史分析』ミネルヴァ書房，2011年

ゲラー，ロバート『日本人は知らない「地震予知」の将来』2011年，双葉社

朴沙羅『外国人をつくりだす：戦後日本における「密航」と入国管理制度の運用』ナカニシヤ出版，2017年

武智秀之『行政過程の制度分析──戦後日本における福祉政策の展開』中央大学出版部，1996年

手塚洋輔『戦後行政の構造とディレンマ──予防接種行政の変遷』藤原書店，2010年

羅芝賢『番号を創る権力：日本における番号制度の成立と展開』東京大学出版会，2019年

ヌスバウム，マーサ・C.『正義のフロンティア：障碍者・外国人・動物という境界を越えて』法政大学出版局，2012年

畠山弘文『官僚制支配の日常構造──善意による支配とは何か』三一書房，1989年

フッド，クリストファー（Hood, Christopher），*Limits of Administration*, John Wiley & Sons Ltd, 1976

フッド，クリストファー『行政活動の理論』岩波書店，2000年

フレーザー，ナンシー＆ホネット，アクセル『再配分か承認か？政治・哲学論争』法政大学出版局，2012年

ヤング，ジョック『後期近代の眩暈—排除から過剰包摂へ』青土社，2008年

1．都市計画における空間の区別性について，考えてみよう。
2．人間を区別する基準にどのようなものが使われているか，できるだけ挙げてみよう。
3．指紋と国民総背番号制と写真という古典的な個人把握を越えて，生体認証とゲノム解析とAIによって個人単位で行政が情報を把握できるようになるとき，行政の区別性はどのように変化するだろうか。

6 | 行政の専門性

《ポイント》 行政は科学技術などをはじめとする様々な専門知識を活用する。行政は，専門性は専門家に劣位しながら，官僚制の論理によって専門家を使いこなそうとする。専門性によって理論武装した行政に対峙するためには，素人である民衆も，専門性と行政の複雑な関係を理解し，専門家のアドボカシーを得ることが重要である。
《キーワード》 科学技術，専門性，専門職，技官，学術論争，審議会，アドボカシー

1．行政と専門知識の関係

（1）専門知識と行政の決定

　科学や技術の進展とともに，行政は科学や技術を踏まえて決定をすることが求められる。例えば，企業が様々な化学物質を利用して経済活動をするようになれば，行政は環境規制をするためには，化学物質についての科学技術の知識が不可欠になる。専門知識がないがゆえに，科学物質による被害が放置され，さらには，放置することが正当化されて，被害が拡大する。こうした行政の失敗が公害を招いてきた。

　専門知識を持てば，適切な対策が採られるとは限らない。例えば，化学物質についての知識があっても，経済優先の政策判断や，企業の陳情・圧力に行政が権力的に屈するときには，環境規制が行われないまま環境汚染が続く。それでも明白な科学的知識によって，人体への悪影響

が明らかになれば，対策を採らないことは困難になる。そこで，例えば，必ずしも人体や環境に許容できないほどの悪影響はない，あったとしても悪影響を緩和する対策は可能である，などの対抗的な専門知識が必要になる。

　そして，科学技術によって生み出された現象であっても，政策課題として取扱うには，専門知識によっても明確な結論が出にくい事項もある。学説が対立したり，明確な対策はわからないこともある。こうなれば，専門知識の不確実性や不確定性を前提に，行政の決定がされる。

　例えば，ある化学物質が，明確に悪影響があると専門知識に基づいて言い切れないとき，その化学物質を利用し続けることに企業や経済活動上の利得がある場合，企業が政治力を持ち，政策判断が経済活性化を優先する場合には，当該化学物質に対する環境規制は導入されない。逆に，健康や環境保護を優先する政治力が強い場合には，必ずしも当該化学物質が明確な悪影響を持つという結論がなくとも，環境規制を予防的に導入できる。行政は，明確な結論が出ない専門知識だけに基づいて，どのような決定を行うのかを選択できない。

（2）専門家による合理的な行政

　専門知識を無視して行政が決定することは，合理的ではない。専門知識を行政の意思決定過程に投入するのは，通常は人間である。専門知識を行政に導入する人間を専門家と呼ぶことができる。

　行政は，専門知識に基づいて決定すべきである，という正当性の信念があれば，行政は専門家に決定を委ねる。あるいは，行政から専門家に決定の権力が移行する。または，専門性のない行政は消滅し，行政は専門家のみで構成されるようになる。

　こうなると，行政の決定は，専門家が体現している専門知識によって

決定することと，同じことになる。行政の外部で専門家同士の間で行われる専門知識の確定を巡る「公会議」における論争が，実質的な意味での行政の決定過程となる。例えば，「歴史認識」や「史実」「正史」は，行政にとって時間を支配する決定であるが，それを専門家である歴史家に委ねるとき，実質的には歴史家が行政の決定を代置する。原子力工学の専門家の安全性の議論は，行政の決定を代置することもある。

　法律学者・法曹の論争は通説を決定するにすぎず，裁判所という権力が行政の外部で決定する。しかし，司法審査が，行政の決定を代置しない限り，法律学の専門知識の活用は行政に留保される。そのとき，行政職員が，他の専門知識と同様に，法律の専門家に判断を委ねることも有り得る。しかし，行政職員は，官僚制として規則の取扱に慣れているため，所管法令については自らが法律専門家のごとく振る舞う。そのときには法律専門家の判断は行政の決定にはならない。

　専門家の判断が行政の決定を代置すれば，専門家同士の学術的な論証・批判・追試などの行政外過程は，それ自体で実質的な行政の決定という権力闘争になり得る。行政の決定は，政治による民主的統制を受ける建前があるが，専門家同士の決定過程は，民主的統制を受ける仕組とはなっていない。行政の決定に影響を及ぼす専門家は，同時に，実質的には行政職員でもあり，実質的には代表＝政治家でも有り得る。

（3）専門家による行政の合理化

　行政は専門家の判断に委ねる，あるいは，専門家の決定に従うのが合理的であるという正当性信仰が成立すれば，行政は専門家の権威性を戦術的に利用できる。つまり，行政として採択したい決定案はすでに存在しているとき，当該決定案を正当化＝合理化するために，専門家の判断と称する内容を利用する。

　例えば，専門家を委員として招集した審議会・研究会・有識者会合に，行政が諮問・委託して答申・報告書などを得る。いわゆる「行政の隠れ蓑論」である。あるいは，行政の結論は決まっているものの，「気休め」または「お墨付き」のために，専門家の顧問に意見を聴取する。行政は，自身の結論に合致する専門家に到達するまで，専門家ショッピングを続けることができる。

　このときに重要なのは，行政による専門家の人選である。行政の採択する決定案と，本心から同様の考えを持つ専門家，あるいは，行政の採択する決定案が何であれ，柔軟に同調して見解を変幻自在に変えられる専門家，などが重要になる。後者であれば行政は常に困ることはない。また前者の場合には，当該専門家の考え方と行政の見解が一致していれば，当該専門家は「良心」に反することなく，行政の役に立つ。

　しかし，行政が専門家の考え方を見誤り，専門家が行政の意に添わない見解に「専門家の良心」に基づいて固執する場合には，合理化は破綻する。委員・顧問の解任は可能であるが，解任理由が「行政の意に添わないから」とはしにくく，別のもっともらしい正当化事由を仮構する必要がある。それゆえ，解任できないまま，会議体や顧問の招集を行わないで，中断・休止のまま自然消滅させる。あるいは，報告書や答申を受取らないなど，なかったことにする。当然，合理化できないので，別の委員や顧問を招集することで戦術の立て直しを図る。

（4）疑似専門論争戦術

　行政の決定は，初めから「結論ありき」ばかりとは限らない。文字通り，行政が何がしかの専門知識を真摯に求めることは，少なくはない。一見明白に専門知識に反する決定を行政が行うことは，実体的にも妥当性なき決定に繋がる。また，手続的にも，当該決定は，その後，民間に

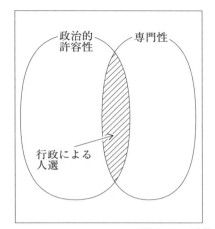 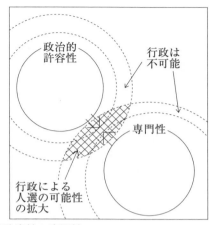

図6-1　政治的許容性と専門性

存在する専門知識によって，厳しい批判に晒（さら）され，正当性を毀損（きそん）される。

　とはいえ，どのような見解を専門家が示したとしても，すべてを丸飲みする覚悟が行政にあるとは限らない。行政は，専門知識に反する決定をしたくはないが，政治家や利益団体の意向，あるいは民衆の一般的世論など，広い意味での政治的許容性を満たさない決定もできない。行政はその両者を満たす共通集合を探す（**図6-1左**）。

　すべての専門家の見解が，政治的許容性の外にあるならば，行政に打つ手はない（**図6-1右**）。しかし，専門家の意向にバラツキがあるならば，行政の意向に添う程度において多段階のグラデーションがあろう。行政としては具体的で確固たる明確な決定案がない場合，ある程度の中範囲の専門家の意見を聴取しながら，最終的には政治的許容性の内での「落としどころ」を模索することも有り得る。

　その場は，全体的・原理的な反対論者は排除しつつ，ある程度の異論を述べる専門家を包摂しつつ，多数派や座長を行政に近い専門家で固め

る。擬似的に学術論議も交わさせるような場を設定する。合理化以上
に，行政による専門家の人選が重要になる。全員が行政のイエスマンで
は，疑似的な学術論議にならない。しかし，行政の差配する範囲を超え
て論争が進み，自由な学術論議によって行政が許容できない結論が出て
も困る。

　一部の専門家が「悪役」のように，行政の意向に反する専門知識を開
陳するが，「ヒーロー・ヒロイン役」の専門家の提示する専門知識によ
って論破（「成敗」）され，最終的には「ナレーター・司会役」の座長に
よって，行政の許容できる集約がなされ，「視聴者」である民衆に提示
される，のが基本の筋書きである。行政が務める事務局は，台本を制作
し，場（スタジオやロケ）を整備し，小道具を用意し，弁当・茶菓など
を手配し，事後的に資料・報告書・答申や議事（疑似）要録などの作品
を形成する。監督が出演することがあるように，事務局が専門家の委員
に混じって，疑似学術論議に加わることもある。

（5）説明会とアドボカシー

　行政は専門知識で理論武装することによって，専門知識を持たない素
人に対して権威性を得る。行政に利用される専門知識とは，学術論議の
形態を纏った，つまり，特定の様式に従った権力闘争の結果である。素
人は学術論議の様式に習熟していないので，権力闘争に参加できない。
素人である一般民衆は，専門家や，専門家を擁する行政には，専門知識
で反論できず，唯一可能なのは「わからない」「説明不足」として，さ
らなる「わかりやすい説明」を求めるだけである。従って，専門家＝行
政が提示する決定の結論を否定できず，時間を掛けて誠実かつ丁寧に説
明という手続を終えれば，専門家＝行政に服従するしかない。

　そこで，行政対象である民衆なども，自らの代弁役となる専門家によ

って対抗することがある。このように動員されるのが，アドボカシー（弁護役）としての専門家である。例えば，法律という専門知識を有する専門家を，行政側だけでなく，民衆側にも配置することで，権力関係の不均衡・不公平を多少でも是正することが，裁判手続として構築されている。その典型が刑事手続であり，法律家である検察官に対して，被告人は弁護士を付ける。行政裁判も同様である。行政職員は，事務に利用する法律には習熟しているので，自ら指定代理人という準法律家として活動することもあるが，弁護士を利用することも多い。これに対して，私人の側も弁護士を付けて対抗する。勿論，しばしば，有力企業や有力者ではない素人側は有力弁護士を付けられず，専門性のアンバランスが是正されるとは限らない。しかし，発想としては，専門性を行政と行政対象の双方に配置することが重視されている。

　法律以外の専門性についても，専門性のアンバランスを是正する発想は同様である。行政＝専門家に対抗するためには，民衆などの行政対象側も専門家を弁護役として動員することがある。これが可能なのは，専門知識が唯一無二ではなく，専門家にも色々な存在が有り得て，行政が活用する専門性は，ある特定の部分でしかないからである。

　例えば，行政＝行政側専門家が，土木・建築・都市計画の専門知識を動員して，プロジェクトを決定しようとする。異論のある地域住民や利害関係者は，素人として納得のいく説明を求め続けることもできる。しかし，専門性がなければ，問題点を指摘できず，代案の提示もできない。住民が提示できるのは，中止・拒否というゼロ代替案だけでしかない。行政や行政側に立つ住民からは，代案を示せという圧力や批判を受ける。住民に拒否権がない場合には，専門性の有無によって，最終的には行政の決定を受認させられる。この事態を回避し，少しでも権力関係のバランスを回復するには，住民側も専門家を連れてきて，行政＝行政

側専門家の提示する案の問題点を，専門知識に基づいて指摘して，とき
には住民側の代替案を提示していくしかない。

　専門性に対抗するには専門性が必要である。そこで初めて，行政側と
行政対象側は，専門知識を導入しない権力過程を展開できる。勿論，こ
れだけでは，専門性以外にも様々な権力資源を有する行政側に有利な関
係は解消しない。むしろ，権力資源で劣る民衆側は，専門知識によって
行政側を論破したいところである。とはいえ，専門性によって正当化で
きない行政は，他に正当化事由を提示できなければ正当性なき支配とな
るので，行政側の専門性を打ち消すだけでも一定の効果がある。

2.　専門職と行政組織

（1）　専門家の利益性

　専門家が持続的に存在することは，専門家集団が再生産できる経済的
利益を持続的に得ていることを示す。専門家が行政によって常に再生産
されるならば，専門家は行政に依存する。そこで，行政が専門家を必要
とする特定の政策や事業を保持するように，専門家は専門知識を構築す
るようになる。行政の代弁役という意味では「官益的」であるが，専門
家は自らの利益になる専門知識を構築し，それを行政に受容させること
になれば，私益を「官益」に盛り込ませられる。

　また，専門家が企業によって雇用されるならば，専門家は企業の利益
に資するよう専門知識を構築する。勿論，科学的に成立しない専門知識
が構築されるわけではない。科学的に成立し得る専門知識のうち，企業
利益と合致する専門知識が発達しやすいということである。

　行政や民間企業に依存することなく，両者を天秤に掛けつつ，さらに
は，多元的な行政・企業の差異を利用しつつ，専門家として一定の経済

利益を確保することもできる。この場合には，行政や民間企業に対して，専門家の「独立性」が確保され，その限りで「公益的」存在になるかもしれない。専門性とは，固有の利益を持たない中立的・公益的な存在とは限らない。専門家は，一方では発注者・雇用者である行政や民間企業の利益を体現し，他方で，専門家自身の利益を代弁しており，多重の利益の綱引きゆえに，行政や民間に縛られない「公益的」性格を帯びることもある。つまり，社会において，専門性が，どのような政治経済の権力関係のなかで，形成されているかが重要である。

（2）専門職と専門職集団

　専門知識を体現した専門家の典型は，専門職（プロフェッション）である。医師，法曹，公認会計士などである。専門職は，しばしば，特別の高等教育によって育成される。その過程では専門資格試験が課されるが，専門資格試験だけで技能を確認されるというよりは，特殊な教育課程を経たうえでの試験通過が求められている。専門職は，一定の専門知識を共有する意味で，誰であっても最低限の標準的な判断を行うことが推定される。とはいえ，専門職は，個人でも判断できるため，専門職間で差異のある専門的判断を示すこともある。

　専門職は，専門的な学術論議によって，専門職集団として共通知識に到達することもある。しかし，学術論議では決着が付かない場合もある。専門職は，専門知識を共有するもの同士として，専門職団体・職能団体・「学会」を構成することがある。専門職集団が，学術論議の舞台を提供し，共通知識を公定することもある。この過程は，専門職集団内部の権力闘争でもあり，参入できるのは専門知識を備えた専門職に限られるので，政治・行政や市場経済を含めて，外界に対して一定の自律性を有する。専門職集団が自律する場合，専門家の育成や教育・訓練，資

格試験，職業倫理，規律・懲戒などについて，プロフェッショナリズムに基づいて，個々の専門職に対して統制を及ぼすこともある。

専門職は職業であるから，職業倫理・職業規律も重要であるが，経済的利益も無視できず，そのため一種の経済規制を必要とすることがある。例えば，専門資格を有しなければ一定の業務ができない業務独占や，特定の専門資格を有する者しか名乗れない名称独占などがある。業務独占があれば，専門職以外からの参入を阻止でき，結果として，専門職の経営が安定しやすいだろう。

教育・資格試験・業務独占などは，民間の任意団体で行うことは必ずしも容易ではない。そのため，教育・資格試験・業務独占などを行政の規制として行うことがある。例えば，医師という専門職については，医学部という高等教育課程が独占的に設計され，医師国家試験に基づく医師免許が付与され，医療にかかわる業務独占が認められる。専門職および専門職集団は，実は行政に依存している。行政は専門知識に基づいて決定するが，専門知識を体現する専門職は行政によって支えられる。それゆえに，行政に影響を与えようと，専門職団体は圧力団体化する。

（3）専門職の任用

専門職集団が存在する場合，行政は専門性を外部の専門職集団に依存できる。行政は，専門職集団のメンバーから，行政職員として組織内部に任用できるし，審議会等の委員や顧問として委嘱・契約して利用もできる。専門職としての能力実証が，公務員試験とは別個に確認できる場合には，専門資格をもとに行政職員として選考採用できる。

行政職員が有能な人材から構成されるべきならば，行政職員は素人の民衆とは異なる専門性を有すべきとなる。そうすると，原則として，すべての行政職員は専門職から構成される。その場合，行政は固有の公務

員試験を行う必要はない。専門職としての資格を前提に，個々に任用を行う。例えば，アメリカでは専門職をポストごとに採用することも多い。もっとも，専門職資格の有無だけでは採否を決定できない。すると，専門外の判断基準によって決定するか，あるいは，内部の専門職による，より高次な専門性の判断によって決定することになる。

　しかし，アメリカなどと異なり日本の行政は，専門職を中心に行政職員を採用しているわけではない。むしろ，幅広く職務を担う「ジェネラリスト」として期待されている。ジェネラリストといえども，資格任用制・成績主義が求められている。そのため，採用段階では公務員試験によって，能力実証を求められるのが原則である。

　公務員試験で問われるのは，今後，行政組織内部でなされる多種多様な仕事をこなせるだろう，あるいは，こなせるように技能や人的能力を伸ばしていけるだろう，という一般的な期待である。あくまで，任用された特定の行政組織の一員である「事務職」として，事務をする能力であって，組織から離れた技能が期待されるわけではない。「事務屋はつぶしがきかない」のは，組織を離れると無力であるためである。

（4）専門職と階統制

　専門職は，専門知識と技能・能力に基づいて，個人として仕事をしており，特定の行政組織から離れても仕事ができる。専門職は，行政でも民間でも，あるいは，行政組織間でも企業組織間でも，特定の部門や組織に拘束されない。そのため，事務職に比べて相対的には，組織間を跨ぐ転職や中途採用も容易である。

　専門職も行政職員として，組織の一員として仕事をする。官僚制の上司部下という階統制関係に入れば，専門職といえども，部下ならば上司の指示に従い，上司ならば部下に指示する。そうしなければ，組織的な

意思決定が困難になるからである。

　しかし，専門職は専門知識に基づいて個人で判断し，専門性に対しても忠実でなければならない。専門知識は，専門家集団の学術議論や教育・研修・規律などによって確定されることもあるが，少なくともその専門論争過程では，すべての専門家は個人として「対等」である。勿論，専門家間の対等性は建前であり，実際には，専門家間で影響力は異なり，有力な専門家の見解が優勢になる。

　ともあれ，専門職が遵守する専門知識は，行政官僚制とは別個の外部の力学で形成される。比喩的にいえば，専門職は専門職集団の形成した専門知識が上司であり，あるいは，専門職集団内での有力な専門家が事実上の上司となる。こうした専門性への忠誠は，官僚制の上命下服の忠誠とは，必ずしも両立するわけではない。

（5）専門職と合議制

　専門職は，行政組織内の上下関係には囚われず，個人として職務を遂行するのであれば，階統制原理に基づく官僚制とは相性が悪い。専門職は，対等な専門家個人群として，合議制（collegial system）・参謀制（staff system）を構成するのが自然である。同じ専門知識を共有する専門家達を階統制に配置するには，専門知識・技能・経験と威信・権威と影響力の高い専門家を上司に配置しなければ，組織秩序が崩壊する。しかし，専門知識などが高いのであれば，上司に配置しなくても，専門家集団の合議制のなかで自ずと指導性を発揮する。

　専門職は，教授会・教職員会議，裁判官会議・合議，医師カンファレンス，福祉ケース検討会議（但し，実態は事務職で構成されることもある）のように，会議で決定するしかない。また，異なる多職種の専門職間でも，相対的な上下関係はないとすれば，連携する会議で調整するし

かない。とはいえ，合議制であれば，意見の分裂が起きることもある。組織としては多数決や取引・妥協などで決定はできる。しかし，専門知識は多数決や妥協で決まるものではなく，真正性によって決すべきものである。そもそも，異なる専門知識間では，相互理解はできても，必ずしも真正性によっても決定できない。

　それゆえ，多数決や談合で敗れた専門家は，合議制の決定事項に忠実である筋合いはない。専門職の対等な合議制は，行政組織には相性が悪い。それゆえ，行政職員となった専門職も，通常は上命下服の独任制の連鎖である階統制に配置され，組織決定に服する。つまり，専門知識に対する忠誠は，上司の指示や組織の決定の前には覆される。行政職員としての専門職は，もはや専門性を大きく失わざるを得ない。それゆえ，専門職を中心に行政組織を編制する意義も大きくはない。

3.　技術職と行政組織

（1）専門性の組織内劣位

　専門知識は，素人の民衆に対しては，行政の権力の源泉の一つである。専門知識が権力に繋がるならば，行政組織の内部においても，特段の専門知識を持たない事務職に対して，専門職は優越するはずである。しかし，実態は必ずしもそうはならない。むしろ，事務職を中心とする行政が，専門知識を利用している。こうなるのは，行政が組織として決定するためには，独任制の階統制からなる官僚制が基本であり，それゆえに，専門職は専門性を貫徹し得ないからである。むしろ，階統制に基づく指示に異見を述べる専門職は冷遇される。

　勿論，専門職が階統制においても，上司または組織の長に就任できる。その指示の中身の一部は，専門知識に基づくことも可能である。し

かし，上司・長として統括する行政組織の決定が専門知識のみに基づいて為し得るのは，むしろ例外的である。組織には，専門職もいれば事務職もいるし，上司・長と同じ種類の専門職もいれば異なる専門職もいる。このような他職種に対して指示を行うのは，専門家としての権威ではなく，組織の上司・長としての権限に基づくしかない。

（2）専門性の専門的劣位

　専門知識を持つ専門職といえども，万能ではない。例えば，医学や法学のような専門知識も内部は細分化が進んでおり，医師・法曹が行政職員となったとしても，すべての細分化した専門領域に精通はできない。また，特定の専攻領域でも，行政の外部にも優れた専門職が多数存在することが普通である。むしろ，給与の面で民間ほどの水準が得られない行政部門では，よほどのことがない限り，優れた専門職を多数抱えることは困難である。加えて，行政職員として組織の業務に当たっていれば，行政組織の内部の様々な調整業務などにも追われるため，専門知識の涵養と更新に専念できない。つまり，行政職員となった専門職は，むしろ，民間の優れた専門家よりも専門性に劣ることの方が普通になる。

　行政における専門性の劣位は，専門性を備えた民間に行政が服従することに，繋がり得る。例えば，民間企業の研究開発部門で最先端の技術が開発されていくと，行政は民間企業の科学技術に依存する。行政は自ら専門知識を持たないときには，民間から専門知識を調達できる。民間企業や民間業界が開発した専門知識を行政がそのまま採用して，行政の基準にするならば，行政は専門知識に基づいて合理的に行われる。しかし，その内容は民間企業にとって有利なものにならざるを得ない。なぜならば，情報の非対称性があるときに，専門知識で優位する民間企業は，自分に有利な専門知識は提供するが，そうではない専門知識を行政

に提供しないことが，できるからである。

（3）行政職員としての技術職・事務職

　行政における専門職は専門性を充分に発揮できる存在ではない。その意味では，専門資格で任用されていても，実態としては，専門職そのものではない。むしろ，専門性をある程度は有している行政職員でしかない。このような行政職員は，広く技術職・技官と呼ばれる。事務職・事務官は，特段の専門性を持つわけではなく，それに比較すれば，技術職・技官は専門知識を有する。とはいえ，組織的にも専門的にも劣位にならざるを得ない。行政職員としての技術職・技官は，技術にかかわる専門知識を背景とするものの，技術にかかわる深い専門知識を持たない存在である。

　行政は，専門性が民間企業より劣位しがちになり，行政対象に対して，専門性に基づいて権力を及ぼすことは困難である。むしろ，行政は行政対象に「捕捉（capture）」される危険がある。

　しかし，行政は専門知識に基づいてのみ，権力を行使するわけではない。例えば，民間企業に対する規制の技術基準は，法的権限に基づいて策定する。勿論，法的権限だけでは技術基準は策定できず，専門知識に基づかなければ，技術基準の実体内容を充填できない。そして，その専門知識は，規制を受ける民間企業側が持っているので，技術基準は民間側の要望を反映したものになろう。しかし，法的効果を持つ技術基準にできるのは，行政の法的権限と合法性・正当性・権威性によってだけであり，民間業界の自主規制だけでは無理である。つまり，行政は法的資源をもとに，民間業界に対して拒否権を持つ。このような権限・権威をもとに，行政が考える様々な政策目的，例えば，消費者保護や環境保護，さらには，技術開発や新規参入の伸縮にかかわる競争程度の差配な

どを組み込むことも可能である。専門性以外の資源を持つ行政と，専門性という資源を持つ民間との，交渉過程である。

　あまりに隔絶して行政側の専門性が劣るのであれば，行政は民間と対等な交渉ができない。少なくとも，民間側の提示する専門知識の内容や含意を理解し，政策価値や利益配分などに与える影響を予測して，交渉に臨まなければならない。その意味で，専門知識のない行政職員といえども，完全な素人の「事務屋」では充分ではない。

　そのときに，技術職・技官には，ある程度の専門知識などに関する素養や土地勘，さらには，読解力（リテラシー）が期待される。とはいえ，個々の技術職・技官が最先端の専門知識についていけているわけではない。ある程度の専門知識の理解と，それに対抗できる様々な他の価値の導入ができればよい。専門知識を理解しつつ，専門知識に忠実に折伏されずに，別の価値や論理や専門／非専門知識を対置させて，専門性を相対化するのでよい。技術職・技官でなくても，柔軟に最先端の専門知識を「一夜漬け」で習得し，それなりの意味を理解し，かつ，それに束縛されない自由な政策判断の余地を確保する「二枚腰」があれば，事務職・事務官であってもよい。その意味で，技術職・技官と事務職・事務官との差異は相対的である。

参考文献

打越綾子『日本の動物政策』ナカニシヤ出版，2016年

内山融・岡山裕・伊藤武『専門性の政治学——デモクラシーとの相克と和解』ミネルヴァ書房，2012年

城山英明（編）『科学技術ガバナンス』東信堂，2007年

城山英明『科学技術と政治』ミネルヴァ，2018年

新藤宗幸『技術官僚—その権力と病理』岩波新書，2002年

津田敏秀『医者は公害事件で何をしてきたのか』岩波書店，2004年

西川伸一『官僚技官』五月書房，2002年

西尾隆『日本森林行政史の研究—環境保全の源流』東京大学出版会，1988年

藤垣裕子『専門知と公共性』東京大学出版会，2003年

藤垣裕子『科学者の社会的責任』岩波書店，2018年

藤田由紀子『公務員制度と専門性—技術系行政官の日英比較』専修大学出版局，
　2008年

村上裕一『技術基準と官僚制——変容する規制空間の中で』岩波書店，2016年

森田朗『会議の政治学』慈学社，2006年

森田朗『会議の政治学 II』慈学社，2015年

森田朗『会議の政治学 III　中医協の実像』慈学社，2016年

若林悠『日本気象行政史の研究：天気予報における官僚制と社会』東京大学出版
　会，2019年

**学習
課題**

1．審議会と専門家の役割について，考えてみよう。

2．技官と事務官との異同について整理してみよう。

3．専門性をめぐる行政と民間企業と地域住民の関係を考えてみよう。

7 ｜ 行政の秘密性

《ポイント》　行政は守秘義務と称して秘密性を帯びることが多いが，行政にとっての秘密性および公示性の意義を検討する。行政は，取締活動の有無を秘密にして遵守行動に規律づける一望型監視システムを用いてきた行政は，社会や技術の進展に監視のあり方を順応させる。他方，行政対象との情報格差の是正の観点からは，審査基準の公開や情報公開などの透明性を確保する仕組が重要である。

《キーワード》　職業上の秘密，守秘義務，取締，試験，審査基準，パノプティコン＝一望型監視システム，公示性，監視社会，公文書管理，情報公開，透明性，再現困難性

---

1. 秘密性の利用

（1）職業上の秘密

　行政にとって情報は権力の源泉の一つである。行政は，人々をはじめとする行政対象に対する情報を収集し，それをもとに決定して，行政対象に作用を及ぼす。行政による介入を受ける行政対象からすれば，行政活動について情報を収集し，それをもとに対策を決定して，様々な行動を採る。行政は行政対象に権力を及ぼし，行政対象は行政に対して影響力を及ぼしたり，あるいは，行政からの作用を逃れようとする。行政活動は，行政と行政対象との間の情報のやりとりを通じる権力過程でもある。情報格差は，権力の差異に繋がる。行政対象に対して情報を秘匿す

ることによって，行政は仕事を進めることがある。

　ウェーバーに拠れば，官僚制は知識や意図の秘密性によって，執務知識を有する行政幹部の優位性を高める。官僚制的行政は，傾向として常に公開性を排除する。「職業上の秘密」という概念は官僚制が発明したものであり，「怒りも興奮もない」はずの官僚制は守秘義務を熱狂的に擁護するという。官僚制は対外的には精密機械のように，予見可能性・規則性を与える。しかし，秘密性を活用するのも行政である。

（2）試験・許認可

　その典型は試験である。一般に，試験問題は試験開始までは秘匿される。事前に試験問題を受験者が知っていれば，事前に解答準備ができ，受験者個人の実力を測れない。さらに，事前に試験問題を入手した受験生とそうでない受験生とでは，試験の公平性が保てない。

　許認可行政も，一定数の枠内で許可する採用試験型にせよ，一定の基準を満たす場合には許可数に限定のない資格試験型にせよ，許可要件という審査基準（test）に照らして合格者＝通過者を決定するものであり，広い意味では試験である。しかし，許認可行政において，審査基準の秘密性を保持するとは限らない。審査基準が秘密であれば，いかなる条件を備えればよいのか，申請者は準備のしようもない。それでは，政策目的を達成できない。それならば，審査基準を公開した方がよい。

　しかし，実質的な審査基準を秘密にすることはある。審査基準が秘密のときに，申請者は場当たり的に申請を出して，不許可処分を受けるのでは無駄が多い。そこで，秘密の審査基準を聞き出そうと，申請者側は接待をし，様々な交渉・取引をするだろう。このときには，行政は行政対象に対して優位な立場を占める。このような交渉になれば，許認可に際して，政策目的や公益性のために様々な付帯条件を付けられる。とき

には，饗応接待や天下りなどの便宜供与を受けられる。

　そもそも，行政は審査基準を内部的に作成したうえで，秘密にしているとは限らない。また，現実には，審査基準を行政が事前に作成しているとも限らない。むしろ，許可申請者から提出される情報をもとに許可・不許可を決定し，そこから遡（さかのぼ）って審査基準を作ることも可能である。そのようにすれば，あたかも非人格的・客観的規則に基づいて決定をしたかのように正当性・合法性を付与できる。

　また，事後的にでも審査基準を作成すれば，将来的には，それと矛盾しない決定もできる。とはいえ，事後的に作成した審査基準を公開してしまえば，将来の決定にかかわる権力的な優位性は失われる。将来においても，申請者から提出される情報をもとに，許可・不許可を決定し，そこから遡って審査基準を作り変えることも可能である。審査基準が公開であれば，審査基準の改定が明らかになる。しかし，朝令暮改は規則性・公平性・客観性を疑わせる。その意味でも，審査基準は事後的にも秘密性を持った方がよい，と考えることもあろう。

（3）取締

　取締行政も，行政対象に行政の挙動を秘匿することが多い。行政対象に取締の手の内を見せてしまえば，行政対象は取締への対策を採れる。取締で摘発されるような活動は，取締のあるときに一時的に止める。摘発されるような証拠品は隠したり捨てる。規制の執行は，予（あらかじ）めいつどのように取締がなされるかがわかれば，実効性を持たない。

　許可と取締は，事前規制と事後規制として，態様が異なるように見える。取締とは行政対象の行動が先にあり，それに対して行政が取締を行うときに秘密性が作用する。同様に，許認可の秘密性も，許可申請に対する事後的な判断の段階で作用する。秘密性とは，情報のやりとりにお

ける「後出しじゃんけん」の有利性と同じである。

　取締は，「後出しじゃんけん」のときに有利である。例えば，自動車運転に関する制限速度違反の取締は，しばしば「ねずみ捕り」と呼ばれるように，運転者（「ねずみ」）にはわからないようなところで警察は待機して，取締の網（「ねずみ捕り」）を張っている。いつどこで取締を警察官がしているかがわかれば，運転者はその場その時には，速度を自制するだろう。これでは制限速度違反の取締は実効的にできない。

　勿論，交通警察の目的は，違反者を摘発することなのか，自動車運転を制限速度以下にさせることなのか，が問題である。後者が目的であれば，「ねずみ捕り」を察知して，「ねずみ」が速度を抑えることで，行政目的は実効的に達成される。前者が警察の目的ならば，本末転倒である（「目的の転移」）。制限速度違反をさせて摘発するのは，安全でない速度での自動車運転を，警察が期待していることである。特に，現場の警察官や警察署が，摘発件数を上層部から競わされ，摘発件数に応じて報奨が出されるなどのインセンティブが与えられていれば，益々そのような倒錯が著しくなる。

　交通警察の目的は違反者の摘発それ自体ではないにもかかわらず，現場では取締活動を秘匿して，個別の違反を増長させるかのような規制執行を行う理由は，「一罰百戒」による萎縮効果を期待しているからである。つまり，いつどこで取締がされているか，運転者には情報がなく不確実・不覚知であるならば，そして，ある程度の確率で実際に摘発が実施され，かつ，それに伴う制裁が相当に重ければ，運転者は摘発を恐れて，「ねずみ捕り」の網の張っていない道路も含めて，「ねずみ捕り」を懸念して，すべての運転で自重をすることが期待される。

（4）パノプティコン（panopticon）＝一望型監視システム

　ジェレミ・ベンサムが刑務所の設計に生み出した構想であり，のちに，ミッシェル・フーコーが社会管理システムとして比喩的に用いたのが，「パノプティコン」である。

　パノプティコンとは，監視者が収容者を監視できる点では，通常の刑務所とは変わらない。しかし，収容者からは監視者が見えない。したがって，いつどのように監視者が監視しているのかが，収容者にはわからない。また，収容者同士でも，相互の姿は見えず，収容者間で意思疎通を図れない。収容者は監視されているかもしれないし，監視されていないかもしれない。監視者の監視行動は秘密なので，監視者と収容者の間で情報格差が大きい。このように設計することで，収容者は，実際に監視されていようといまいと，監視されているかもしれないと考えて，監視者が期待する行動を「自発」的に行うようになる。

　ベンサムは「最大多数の最大幸福」を標語とする功利主義者と言われるように，収容者の福祉の最大化と，施設運営の経済性とを目指す。多数の監視者が実際に監視し，意に添わない行動をする収容者に暴行・制裁を加えるような監獄は，運営に費用がかかるうえに，収容者の扱いとしても不幸である。収容者も「自発」的に行動するのではなく，自らの意に反して，監守の暴力の支配に不承不承に服従するだけである。このため，社会復帰した元収容者のためにもならないし，社会のためにもならない。パノプティコンでは，収容者は「自発」的に自力更正すべく，自らの行動を自ら教育・改造することが促される。

　ベンサムのパノプティコン構想は実現しなかったが，社会管理システムとして統治あるいは行政に広く採用されたと見るのが，フーコーである。例えば，上記の通り，自動車運転の速度取締は，警察官が，いつどこで取締をしているかは，運転者にはわからない。取締をしているかも

しれないし，していないかもしれない。それゆえに，運転者は，警察官の取締がなくても，「自発」的に速度を抑えることが期待される。

　監視されているかもしれない，監視されているかどうかわからない，ゆえの遵守行動は，速度を抑えることに価値合理性があると理解していないことである。それゆえに，表面的な「自発」性でしかない。内面的に最高速度制限の意義をすべての運転者が共有していれば，本心から自発的に安全速度を遵守する。しかし，そのことは，行政が設定する最高速度制限に異論を持つ内面の「自由」を持っていないことでもある。

2.　公示性

（1）秘密性の限界

　行政がどのような取締行動をするかが秘密であれば，取締行動は予測不能になる。人々は，取締活動を回避する対策を立てられない。それだけではなく，そもそも，人々はどのような行動をすべきか方針を決められない。行政と人々の関係は，お互いが恣意的・専制的で自由・放縦になる。取締による摘発は，行政にとっては幸運なことであるにしても，行政対象にとっては不運な，単なる偶発的な事故にすぎない。

　完全に秘密の行政は，「じゃんけん」関係である。行政がグー・チョキ・パーの何を出すかは不明である。従って，人々は何を出したら負ける（＝取締を受ける）かは，予めはわからない。あとは偶然の産物である。それゆえ，人々を特定の行動（例えば，グー）に向けて，「自発」的に規律付けできない。人々をグーに誘導したいならば，行政は必ずチョキを出すのが望ましい。もっといえば，行政は予めチョキを出すと，人々に広報すべきである。行政は手の内を公表した方が，人々を規律できる。完全に統制が成就した暁には，違反行動（この場合は，パー）を

する人はいなくなるし，取締の実績もゼロになる。

（2）公示性の必要

　行政の秘密性は，行政の特性の半面でしかない。行政は，予め行動について公示性をも必要とする。つまり，許可要件や審査基準という非人格的・客観的規則の公示によって，行政が採る行動と採らない行動を区別するとともに，行政対象が採るべき行動と採るべきでない行動を区別する。例えば，自動車交通違反の取締でいえば，具体的な取締活動は秘密性を持っているが，事前に最高制限速度を明確に設定して公示する。また，現場警察官には，速度違反をした運転者・自動車に対して，取締を行うべきことを示す。この意味では行政のあり方には秘密性は全くなく，人々に対しても予見可能性を与える。

　意図的に行政が公示をしなくても，実質的に公示性を持つことは有り得る。つまり，行政と行政対象の間の様々な事例を大量に蓄積すれば，行政の行動にパターン（規則性・法則性）を人々は予見できる。例えば，警察官の取締は制限速度の1割増の違反から発動される，などの行動上の規則性が見いだされることがある。あるいは，「ねずみ捕り」が多発する「要注意地帯」は，地元をよく知る運転者には予測できる。その規則性は，行政内部の秘密の内規によって決まっているのかもしれないし，たまたま無意識に形成された慣習・慣行かもしれない。語義矛盾ではあるが，暗黙の公示となる。

　予め法的ルールや基準が公開され，行政が取締をしないと明示された行政対象の行動が明らかになれば，行政対象はその範囲内で自由を得る。予め行政の行動を規定する規則性が存在しなければ，反射的に，人々のすべての行動は恣意的に取締を受けるかもしれず，その意味では，人々の自由は脅かされている。灰色は白ではないからである。それ

ゆえ，規則を通じた人々の行動の統制こそが，つまり，白色と黒色とに区別性を与えることが，自由という白い領域を生む逆説的な事態が発生する。しかし，この規則化による自由の確保は，自由の幅の大小を意味しない。つまり，灰色を白色と黒色に峻別すること自体は，白色領域が広いのか，黒色領域が広いのかを意味しない。

　ともあれ，行政および行政対象が採るべき行動が公示され，あるいは，行政対象が採る行動に応じて行政が採るべき対応が公示されていることと，しかし，行政が実際に何をするかは行政対象が知ることはできないことで，パノプティコン＝一望型監視システムが成立する。パノプティコンとは，秘密性と公示性の組み合わせである。

（3）公示性と秘密性の往復

　行政の秘密性と公示性は，複雑に織り合わされている。人々の行動の区別を行う基準は公示しつつ，人々の行動の区別に対して，行政がいつどのように取締を執行するかの戦術を秘密にするだけではない。

　人々の行動の区別は，法的規則に定められた基準としても，基準の適用としても，厳格にされるかどうかは明確ではない。厳格にする場合もあれば，厳格にしない場合もある。つまり，取締の寛厳の選択のあり方自体が，恣意性を持っている。寛厳の選択の基準は，そもそも存在しないか，あるいは，あっても秘密にされている。従って，行政の恣意性は，人々からは秘密性として了解され得る。

　例えば，自動車交通違反取締は，このような恣意的な世界としても，しばしば人々に理解されている。警察は，違反者のうちで誰を取り締まるのかについても恣意的である。違反事実のすべてを，必ずしも警察は見ていない。それだけではなく，違反行動を警察が見ていたとしても，必ず取り締まるとは限らない。取締をしようとして追いつけない場合も

表7-1　行政の取締活動の類型

		人々の行動	
		違反	妥当
行政の行動	取締	①正当な取締活動（＝不自由）	②不法な取締活動（＝専制）
	放任	③不当または妥当な放置（＝放縦・脱法）	④正当な行動（＝自由）

あるが，取り締まろうとしないこともある。違反をしていないにもかかわらず，取り締まられることもある（表7-1）。

　4つのうち行政がどのタイプを選ぶのかも秘密性・恣意性を帯びる。行政は選別基準を公示できない。いわゆる「ゼロ・トレランス」は，人々が違反行動をしたら，行政は必ず厳格に取締を行う（①）方針であり，大目に見て見逃すこと（③）をしない方針である。通常の行政は，①と③を適宜，割り振っている。そして，その割振り方針は行政の秘密でもある。また，「ゼロ・トレランス」といえども，行政は見つけられなければ，実質的には見逃し（③）と同じである。従って，見つけること自体の寛厳の恣意性もあるし，また，見つけたということ自体が虚偽である場合（②）もあるので，その点でも恣意性は免れない。そのため，結局は，「ゼロ・トレランス」のつもりでも，常に恣意性を持つ。恣意性は，それ自体が秘密性と同じ機能を果たすので，公示性を毀損する。恣意は行動が予測不能になるという意味で，意図的な秘密ではなくても，対外的には事実上の秘密である。

（4）完全監視

　パノプティコン（panopticon）＝一望型監視システムの構想には，施設運営の能率性・経済性という視点も含まれていた。理屈上は，監視者

に膨大な人員を割けば，文字通り，すべて（pan）を監視（opticon）できる。パノプティコンはそのような非能率を避けるため，少ない人員で，膨大な人員を動員したのと同じ効果を得ようとする設計である。結果として，実態は収容者の行動をすべては監視してはいない状態になる。

　一望型監視システムは，本当は全監視していないので，要するにハッタリ（張り子の虎）である。勇敢な収容者が実際に違反行為をしてみれば，実は監視されていないことが明らかにされるかもしれない。その意味での脆弱性を持っている。但し，勇敢な収容者の違反が見逃されたことは，他の収容者にはわからないので，一望型監視システムは成立する。とはいえ，違反行為に対する実際のある程度の監視は必要である。監視の費用が低下すれば，文字通り完全監視できる。

　例えば，かつてのムラ社会では，実質的に人々の行動はすべてムラ人によって「看守り」されていた。よそ者は目立つため丸裸である。地着きのムラ人に至っては，過去の来歴や家族構成や生育歴も含めて，監視情報が蓄積されている。但し，ムラ社会の低コストの完全監視の情報は，行政に提供されるとは限らない。行政が完全監視を実現するには，ムラ内の人間関係を利用する必要がある。

　近代化・都市化とともにムラ社会は崩壊し，ムラ的な完全監視は困難になったが，別の方法による完全監視は可能である。これが密告社会である。ムラ的な人間関係の紐帯がないがゆえに，諸個人の間には信頼や予見可能性はない。それゆえに，行政は個々の人々から個別に密告を集められる。誰が誰について密告をしているのかは，人々は相互には知り得ない。それによって，近代的・都市的な監視社会が形成される。

　勿論，公益通報（「警笛（whistle-blowing）」）や通報・通告やネット上投稿によって，行政の的確な対処が可能になることも多い。ある人が他人に対する情報を行政に提供することが，密告とされるか，公益通

報・通告とされるかは，価値判断の問題でもある。ただし，密告・通報・通告の真偽を行政が確認することは，必ずしも容易ではない。

　情報化に伴う監視技術の発展によって，21世紀の行政は文字通りの完全自動監視ができるようになっている（「スーパー・パノプティコン」）。例えば，監視カメラで収容者を実際に自動監視する。勿論，監視者の人数が少なければ，同時に多数の収容者が映ったモニターを見なければならず，現実には同時監視はできない。しかし，録画があれば，問題が起きてから，事後的に確実に完全監視できる。さらに，画像情報自体を人工知能で処理すれば，違反行動を同時的に監視できる。

　行政の設置する監視カメラが町中に溢れ，行政による監視は浸透している。また，スマホやドライブレコーダー，電子マネー支払やポイントカード，民間店舗などの監視カメラ，生体確認などによって，かつてのムラ社会のように，行政以外の人々が相互に監視している（「シノプティコン（synopticon）」（衆人監視・見世物））。しかも，ムラ社会の監視は，あくまで「証言」であったが，今日の監視社会は「動画・録音再生」「電磁的記録」による監視であり，個体認証による個人特定であり，被監視者に「論より証拠」と突きつけられる。

　理屈上は，完全監視では，監視結果に公開性を持たせ得る。一望型監視システムのように，見られているかもしれないという脅しによる萎縮ではなく，本当に完全監視されていることを顕示して，行政対象の行動を萎縮させる。見られているかもしれないという脅しは，実は見てないかもしれないという「疑い」を行政対象が持つ可能性があるが，完全監視の「証し」を公開して，実際にも見られていることを確信させる。

　完全監視の結果を漫然と公開されても，被監視者は，時間的制約などから見られていることを認識できない。監視されていることを行政対象が知ったら脅えるような個別の監視結果の情報を選別して，個別の行政

対象に送りつけるしかない。しかし，これは行政にとっては手間である。そこで，違反行為に対する取締を宣伝することで，完全監視の結果の公開性または本人提示性に代わる顕示性を確保する。例えば，群衆に紛れて軽トラックを転倒させた「犯人」を，監視カメラの情報の解析によって特定して取締り，それを一般の人々に広報・顕示することで，監視結果の公開性または本人提示性と同様の効果をもたらす。

3.　透明性

（1）公文書管理

　行政の秘密性は行政の権力に繋がるので，行政は意図的に保秘することがある。保秘とは，行政が情報を保有し続けながら，秘密性を保持することである。こうした行政は，情報管理と呼ばれる。しかし，逆にいえば，行政は情報を保有し続けているので，行政の秘密性の運用を変更できれば，行政の透明性を確保できる。

　行政が情報を保有しないがゆえに，結果的には秘密性があるかのごとき外観を帯びることもある。情報を収受・収集しない，情報（記録・文書など）を作成しない／させない，情報を整理していないために探し出せず実質的に情報を保有していないのと同じ状態になる，情報を改竄する，真実ではない情報を作成して真実の情報を保有しなくなってしまう，情報を廃棄する，などの色々な形態がある。

　こうした事態を防いで，まずは行政に情報を保有させる営みは，公文書管理と呼ばれる。ただし，それは紙媒体の公文書に限らず，様々な情報記録媒体に保存された情報の管理である。用語法として，情報管理は秘密性に傾くが，公文書管理は透明性の前提である。そのため，公文書管理と情報公開は車の両輪とも呼ばれる。もっとも，公文書管理は，公

文書の保存期間を定め，それを超えた公文書の廃棄を可能とする面もあるので，秘密性に繋がる道も用意している。

（2） 追加業務の負担

　公文書管理の最大の課題は，行政職員にとって面倒な追加的な事務になることである。官僚制は，非人格的・客観的規則に基づき，文書を用いて執務しているから，行政事務の遂行に付随的に公文書は生成されており，その公文書をそのまま管理すればよいように思われる。しかし，現実には膨大に発生する公文書などの情報を，そのまま保存すると分量が膨大になり，実質的に管理不能になる。従って，公文書管理は，日常業務の結果としての公文書をそのまま保存することではなく，情報公開に向けて保存・整理する新たな業務の追加を意味する。

　また，官僚制は，文書によって仕事をしている建前ではあるが，必ずしもすべてが文書として行政のなかに保有されるとは限らない。そのために，情報開示請求をしても，文書が作成されていないゆえに，文書不存在のことがある。従って，公文書管理では，従前の日常業務以上に，文書を作成するようにしなければならない。

（3） 意図せざる秘密性～判断過程の再現困難性～

　基準制定に関しても，基準適用に関しても，その判断過程を公文書にしていなければ，行政の透明性は確保できない。いかなる情報（$x = a$，決定前提）をもとに，判断基準（$y = f(x)$）を介して，決定（$y = f(a) = A$）を得るのか，という判断過程の透明性と再現性である。

　判断基準である決定関数（$y = f(x)$）を文書化できれば，判断基準が明示される。しかし，判断基準は文書化されているとは限らない。そもそも，判断基準を制定するときには，判断基準を制定するための別の

判断基準が予め存在していないとならない。そこで，多くの場合には，決定前提（ a ）と決定結果（A）のみを記載した公文書で，暗黙の判断基準（ y ＝ f (x)）の透明性と検証可能性が確保されると考える。

　仮にそうだとしても，この決定前提（ a ）にも膨大な情報が投入されている。それゆえに， x ＝ a ではなく， x ＝ ｜a₁，a₂，a₃，……｜ のほぼ無限の情報の集合である。このうち，例えば，申請・応募書類や添付資料のように，行政職員が判断の際に入手した公文書は，そのまま公文書管理できる。また，申請の際の面接・相談での問答・質疑は，面談記録として文書化できる。

　しかし，大量・反復・定型化されている面談・ケース記録はともかく，多くの電話相談・窓口面談の記録を作成しているわけではない。また，記録をどの程度の詳細性・正確性で作成するかも，明確ではない。判断に際しては，会議や，上司や同僚と相談・会話もある。会議の議事録がどこまで作成されるかは一義的ではない。上司の指示，問題関心の提示，疑問，裁定なども，口頭が普通であるし，部下が記録するとは限らない。文書・電子メールのやりとりはともかく，電話や面前の会話・相談が記録に残ることは多くない。行政職員の頭のなかでの検討は，個人メモやノートを作成していない限り，ほとんどブラックボックスである。政治状況，上司や組織の暗黙の文化，関係者の意向や反応など，文書化されていない様々な要因をも，決定においては考慮している。こうして，多くの決定前提は公文書とされることはない。

　このような行政実務に対して，文書化されていない情報を公文書として作成・保存する公文書管理を導入することは，必要である。しかし，公文書管理を求められる行政職員に対しては，判断事案の決定と同時に公文書作成の負担を追加する。これは誠に面倒な作業である。行政職員は，意図的に秘密性を確保することもあるが，単に追加費用を避ける能

率性のために，公文書作成をしないで済まそうとすることもある。こうして，権力を行使する明示的な意図なく，透明性を阻害して秘密性を高め，結果的に権力を行使する。

（4）情報格差の是正

　行政の秘密性が行政の権力資源になるのは，行政が情報を持ち，行政対象が情報を持たない，という情報格差があるからである。行政に透明性（透視可能性・公開性）を求めるのは，行政が持つ情報を，行政対象も共有して，情報格差を是正し，ひいては権力関係のバランスを回復することに資すると考えられるからである。このために，行政の保有する情報について，情報公開制度を導入するとともに，個人情報に関しては，本人開示を認めさせる。情報格差の是正という観点からは，いくつかの点が指摘できる。

　第1に，透明性は万能ではない。「木を隠すには森のなか」といわれるように，行政の持つすべての情報が公開・公表・開示され，人々がそれに接することができるようになったときに，人々は情報洪水のなかで，結果的に行政の行動が不可視になってしまう。つまり，透明性は，透視可能性だけではなく，行政の透明存在化をも意味し得る。

　行政対象に欠けているのは，情報そのものだけではなく，情報を処理する技能でもある。希少資源は情報だけではなく，注意（attention）でもある。情報処理能力の格差が，権力の不均衡を生む。もっとも，人々の注意力が散漫であるために，行政が広報・宣伝によって，人々に権力行使をすることにも限界がある。しかし，行政が人々の限られた注意力を掌握してしまえば，行政はより大きな権力を得る。

　第2に，行政の透明化によって情報格差を是正する代わりに，行政対象の不透明化によって情報格差を是正することも可能である。つまり，

行政対象が持つ情報を増やすのではなく，行政が持つ情報を減らす。行政が収集できる情報の範囲を限定する。例えば，行政は戸別訪問をするが，強制的に家宅に踏み込むことは，通常はできない。行政の裁量判断でいつでも自宅に踏み込まれるのであれば，行政の専制的権力に人々は翻弄され，平穏な市民生活は有り得ない。行政対象には，一定の私密性（privacy）が必要でもある。

　とはいえ，行政が入手する情報を制限することが，妥当ではないこともある。行政が情報を入手できなければ，必要な対策が執られず問題が放置されたり，誤った政策判断が為されたりする。例えば，行政は経済統計情報を入手している。行政が持つ経済統計情報を人々も持たなければ，情報格差のゆえに行政が発表する景気動向に関する情報に対抗できない。このときに，情報格差の是正のために，行政に統計調査自体を止めさせることは，妥当な対策とはならないだろう。正確な経済統計がなければ，妥当な経済政策はできない。

　そこで第3に，行政対象である民間側の情報生産・流通を拡大することがある。行政の持つ情報を行政対象に開示することも，広い意味では民間の情報増大の一種といえる。しかし，より重要なのは，民間が行政とは無関係に情報を増大させることである。行政の情報を公開・公表・開示して，行政と民間が情報共有するだけでは，充分ではない。例えば，過大に偽装された経済統計を民間が入手しても，それだけでは無意味であるどころか，行政の「大本営発表」によるプロパガンダ・情報統制にしかならない。行政が利用している情報を，民間が独自に保有している情報と突合・照合させて，吟味することが必要である。

　逆にいえば，行政は自己の秘密性だけではなく，民間の情報を制限することで権力を得る。情報統制や報道管制や軍事機密・特定秘密制度などである。個人情報保護を名目に，民間の情報交流を制限することもあ

る。例えば，政府は国民意識調査をしている。しかし，政府の世論調査に偏りもある可能性もあるから，別途，世論調査機関・報道機関や研究者が独自に国民意識調査をすることは重要である。民間の世論調査を行政が規制すれば，人々は政府の世論調査に一方的に依存する。

　なお，民間側が膨大な情報を保有して，行政に対して権力を持つとしても，巨大情報企業と一般民衆との情報格差も生み出す。この場合，行政が一般民衆の側に立って巨大情報企業の専横を抑えるか，行政が巨大情報企業との協力を優先して一般民衆に対する情報格差を助長するかは，重要な課題となろう。

　第4に，行政が民間側から情報を収集・利用することを制限できないときには，民衆が行政の情報管理に対して，適切な民主的統制をすることが不可欠である。妥当性・合理性ある行政運営のためには，行政はできる限り正確に大量な情報を収集すべきと考えられがちである。例えば，行政もビッグデータの収集に魅力を感じ，民間の監視カメラの映像データの任意の提出を受け，携帯電話会社から通話記録を入手しようとする。個人番号制度やキャッシュレス化・ポイント付与などによって，人々の行動の実名情報を行政が入手する。こうすれば，的確な健康対策，治安対策，脱税防止などができるかもしれない。しかし，それは行政性善説に基づく片面的な予断にすぎない。行政が大量情報を収集したうえで，それを適正に利用する保証は全くない。

　大量情報を保有した行政に，適正利用させるためには，民衆側に行政を統制する権力が必要である。しかし，情報の大量収集それ自体が行政に権力を与え，行政の適正運用を民衆が統制することを困難にする。誰が情報公開請求をしたかを行政は把握するなど，適正運用に向けて活動する政治家や民衆は，行政によって監視されるからである。

参考文献

井出嘉憲（他）『講座情報公開―構造と動態』ぎょうせい，1998年

ウェーバー，マックス『官僚制』恒星社厚生閣，1987年

宇都宮深志『公正と公開の行政学―オンブズマン制度と情報公開の新たな展開』三嶺書房，2001年

サイモン，ハーバート・M.『新版　経営行動―経営組織における意思決定過程の研究』ダイヤモンド社，2009年

新藤宗幸『官僚制と公文書：改竄，捏造，忖度の背景』ちくま新書，2019年

高橋滋・総合研究開発機構（編）『公文書管理の法整備に向けて：政策提言』商事法務，2007年

フーコー，ミッシェル『監獄の誕生』新潮社，1977年

森田朗『許認可行政と官僚制』岩波書店，1988年

**学習
課題**

1．行政が秘密主義になるのはどうしてか。

2．行政の秘密性によって支配の正当性は傷つけられないのだろうか。

3．上司は部下に対して秘密を持ち，部下は上司に秘密を持つとき，官僚制はどのように作動するだろうか。

8 | 行政の合法性

《ポイント》 近代官僚制は合法性を重視する。自由な個人が契約で，しかし，完全な契約の自由ではなく試験制によって，専業・終身・内部昇進によって給与をもらう行政職員になるなど工夫によって，合法性を実現しようとする。合法性に基づく官僚制は，「法律による行政」を実現するようにも見えるが，客観的規則を演出し，永続的支配を可能にし，社会を官僚制化させ，官僚制批判によっても客観的規則は増殖していく。

《キーワード》 契約制，辞職の自由，志願の自由，経済状況，試験制，貨幣定額俸給制，年金制，専業制，終身制，昇進制，「天職」，文書主義，永続性，官僚制化

1. 合法性の実現

（1） 契約制

ウェーバーは近代官僚制を合法的支配と結びつけて理解した。実際，行政の仕事が規則をもとに展開されているのは，広く了解されている。近代官僚制は，合法性を実現するための工夫をしている。

近代官僚制は，身分制を否定した近代社会での組織なので，契約制を原則とする。個々の行政職員は規則に基づいてのみ上司に服従するので，身分的な上下関係はない。規則に従うのは契約が背景にある。行政職員の服従は同意による。そして，行政職員も官僚制の職務を離れれば，人間同士で上下関係はない。

　契約制であるから，辞職の自由もある。もっとも，もし部下が簡単に辞職できれば，上司の指揮監督は成立しない。現実には，簡単には辞職しない。辞職をしない選択をしたことで，服従を正当化する。

　契約制のもとでは，志願・辞職の自由が実質的に大きいかどうかは，社会経済の利害状況によって変化する。それゆえに，官僚制側だけの工夫では左右しがたく，社会経済の情勢に適応することが必要である。例えば，就職活動では，民間の就職状況が酷（ひど）ければ，行政職員を志願せざるを得ない状況になる。他の条件のよい職業の選択肢がないがゆえに，軍隊を志願せざるを得ない状態を「経済的徴兵制」と呼ぶが，行政職員志願についても同様のことがある。法的には行政職員にならない自由があるとしても，実質的にはそうとは限らない。

　戦前日本では，貧しい家庭の子弟は，村の篤志家や養子先などの支援を得られないときには，高等教育に進学する道は実質的に閉ざされていた。そこで，学校教員になる師範学校か，軍人になる陸軍幼年学校・士官学校などに行く。戦後日本でも，民間雇用情勢が劣悪な場合には，自衛隊・警察・消防や行政職員は，有力な進路となる。

　また，行政職員となってから，自由な意思で簡単に辞職できるかも，色々な条件によって左右される。例えば，民間企業も含めて終身雇用制度が一般的であれば，労働市場は転職に開かれていないので，辞職をしにくい。行政職員としての給与以外に，生活のための経済的な基盤がなければ，辞職を思い留まる傾向が高まるだろう。つまり，無資産者出身の行政職員は，資産家出身に比べて，辞職の自由は乏しい。子ども・配偶者・老親などの被扶養者がいればいるほど，辞職を思いとどまる。逆に，配偶者も稼いでいれば，副業収入があれば，子どもなど被扶養者がいなければ，辞職をしやすい。家族の存在は，例えば，子どもの入学斡旋などが弱みになるように，私的利害を混入させて規則を歪める方向に

も作用もするが，辞職や免職に繋がる職務歪曲を思いとどまる方向にも作用し得る。

（2）試験制

　近代官僚制は，試験制を原則とする。一定の学歴，能力などをもとに，任用する。公開競争試験が原則であるが，一定の免許・専門資格をもとに任用する場合には，行政自体が試験をしなくてもよい。試験制は，能力実証・成績主義・能力主義を内包する規則による任用である。非人格的・客観的規則に基づく任用によって，採用者と応募者の人格的な関係に基づいた猟官制・情実任用・縁故採用を否定できる。

　規則による任用だけであれば，試験制に限定されない。例えば，抽選制・輪番制という採用規則に基づけば，非人格的な規則に従った任用といえる。しかし，古代民主制では公職の抽選制が採られ，また，近年の日本では裁判員制度が導入されたとはいえ，通常の近代官僚制では抽選制は採られない。規則に基づく業務を遂行する官僚制においては，規則に基づくことができる態度・姿勢・性向・適性も問われる。

　試験制とは，世の中には，規則に従う人間と，従わない人間とがいるとして，規則に従う態度等を持った人間を選抜する仕組といえる。試験制では，試験で「正答」があるとして，試験において高く「評価」されるような行動があるとして，その基準に相応しい人間を選抜する。要するに，学問・専門知識によって導かれた「法則性」が与えられたとき，順従にそれを再現できる能力である。

（3）貨幣定額俸給制・年金制

　個々の行政職員は，経済生活をはじめとする様々な私的利害の持ち主である。行政職員が私的利害に囚われるとき，官僚制が非人格的な規則

に基づいて業務を遂行できなくなる。

　理屈上は，行政職員の私的生活を否定し，それゆえ，私的利害を持たないようにすることも有り得るかもしれない。例えば，全寮制にして完全に生活を拘束するとか，結婚することや家族を持つことを禁止するとか，である。私的生活があれば，そのために規則を歪める。家族がいれば，家族のために規則を歪める。（非近代的）官僚制は，滅私奉公の無定量忠勤の帰依者か，人間としての営みを禁止された奴隷や宦官から，構成されるかもしれない。

　しかし，近代官僚制では，行政職員に私的利害があることを前提にしつつ，非人格的な規則への服従を強化する工夫を採る。

　第1に，貨幣定額俸給・年金制である。公私分離の原則にあるように，行政職員は給与生活者（サラリーマン）として私的資源を持たないことが基本である。私財を持つ行政職員は，私財を維持・拡大しようと職務を歪めるかもしれない。また，私財があれば，官僚制が定める規則や上司の命令に反発したときに，辞職に踏み切りやすい。行政職員は無資産者の方が，規則を遵守する。遵守の代価として，生涯生活できる給与・年金を保障する。

　給与は，職務の種類や責任の軽重などの等級に従った，定額制が原則である。現物給制・役得制・歩合給制などは，規則に従った官僚制の作動を歪める。現物給制であれば，現物の価格変動によって行政職員の行動は影響を受けてしまう。役得や歩合制・出来高給制は，特定の方向に行政職員を誘導するため，規則に基づいた行政にはならない。

　勤務ぶりや業績を評価して手当を変動させる業績給なども，特定の方向に行動を歪める。業績給は，異なる人物間が，または同一人物が同一官職で職務をするのに差異があり，しかもその差異が当該個人の私的利害に左右されることを前提にする。本来の官僚制は，業績給などの誘因

を用いることなく，規則に従った画一的な職務遂行を期待する。もっとも，一所懸命働いても，手を抜いても，給与が定額ならば，手を抜くであろう。定額制自体がサボりという私的利害の混入をもたらす側面もある。それゆえ，手を抜くことを前提にした最低水準の定額となろう。

　規則に従っていれば，定額制の給与に階層・等級間に格差があるのが通例である。規則から逸脱する可能性の大きい職務，規則を改廃できる可能性の大きい職務，つまり，権限・責任が大きい職務であればあるほど，金額は高くなるのが自然かもしれない。規則を変えられる権限を持つにもかかわらず，規則への服従を求めるからである。逆に，客観的規則の遵守には軽重はないとも考えられる。職務や責任が重いとはいえ，それは既存の規則の付与した権限に従うことでしかない。それならば，給与格差は意味がない。

　生活に不安があれば，職務権限を使って私的利益の確保を行う恐れはある。あまりに安価な給与は，行政職員の規則への服従を弱める。官僚制の規則に従って「大過なく役所人生を過ごす」限り，生活に保障を与える水準が必要である。これは退職後の生活を含む。老後の生活不安があれば，在職中に不安になって職務を歪めて，蓄財や「天下り先」の開拓に励みかねない。それゆえ年金制も必要になる。

　なお，「天下り先」の開拓を，官僚制が規則に基づいて行うのであれば，個々の行政職員の在職中の職務を歪めることにはならない。むしろ，在職中の規則を遵守した仕事の結果，年金相当として「天下り」が機能するからである。もっとも，官僚制による組織的な「天下り」開拓は，個々人の私的利害に基づく規則の歪曲は生まないが，官僚制組織ぐるみの私的利害（「官益」「省益」）に基づく規則の歪曲を生む。つまり，組織の利害のために，個々の行政職員の行動が歪むのである。

（4）専業制・終身制・昇進制

　近代官僚制は，専業制を想定する。官僚制での職務は，担当者の全労働力を要求する。兼業制・名誉職は近代官僚制ではない。兼業・副業や非常勤職では，それ以外の業務に伴う私的利害にも囚（とら）われるため，官僚制が期待する規則への遵守に専心できない。また，報酬を貰わない名誉職も同様である。名誉職とは，他に生計が成り立っていることが前提であり，それゆえに，官僚制への服従の度合いは弱まる。

　専業制は，貨幣定額俸給制と同様に，私的な経済動機を回避する。しかし，例えば，配偶者と共働きであって，かつ，その家計が独立採算ではなく共同であれば，実質的には兼業制と同じである。ある行政職員の業務遂行が，配偶者の経済環境に大きく影響を与えるのであれば，職務の規則に基づいた遂行は容易ではない。相続財産をもとにアパート経営，金融商品運用，週末兼業農家，神官・住職など，様々な経済利害が存在する。それゆえに，実質的な専業制を具体的にどのように確保するかは，個人の自由ともかかわり，非常に難しい問題となる。

　近代官僚制は終身制（無期制）を想定する。官僚身分が，つまり，貨幣定額俸給制が保証される期間が，無期的に継続することにより，中長期的な生活不安から解放されて，規則に服従した業務遂行が可能になる。これが，有期制であれば，任期終了後の生活や転職を考え，あるいは，期間延長・再任用を求めて，様々な規則の歪曲を行うかもしれない。あるいは，有期制では，外部からの規則を逸脱した取扱を求める要求に左右されやすくなる。もっとも，終身制により雇用保障がされていれば，熱心に仕事をしない方向での私的利害が混入する可能性もある。

　終身制が，文字通りの意味で死ぬまでの職務従事を意味しない定（停）年制を含んでいても，年金制（恩給制）と結合していれば，文字通りの終身制である。しかし，この終身制とは一身専属であって，相続

や売官を認めるという意味での，私有制とは異なる。

　近代官僚制は内部昇進制が原則となる。階統制の上位官職に，若年時から終身制で採用されることも理屈上は有り得るが，上位官職に必要な能力を若年時に官僚制外部で育成し得ることは，官僚制における服従の確保には適合しにくい。なぜならば，官僚制内部での服従の実績ではなく，官僚制外部の育成機関での服従の実績が重要になるからである。要するに，高等教育機関や専門職団体の指定席になるので，官僚制の規則よりも，官僚制外部の規則が優先してしまう。若年時はある程度の下位官職に採用され，そこからの官僚制内部の規則への服従の実績に応じた内部昇進が基本となる。

　他の官僚制で実績を積んだうえで，転職によって外部から上位官職に就任することも，当該官僚制における服従の確保には適合しにくい。そもそも，中途採用・転職が多い経済社会とは，辞職の自由が蔓延している社会であり，官僚制の服従の確保を弱める。外部から上位官職に着く者は，官僚制外部の規則への服従にも重きを置く訓練をしてきただけである。

　このように考えると，終身制のもとで，上位官職の登用は内部昇進制が中心となる。官僚制内部の規則への服従の年数や実績に応じて，昇進を行う。とはいえ，内部昇進制も色々と微妙な問題を孕む。終身制のもとで，生活不安のない定額俸給が支給されていれば，内部昇進を志望する職員は少ないだろう。内部昇進制が成り立つには昇進意欲が必要である。年次一斉昇進は，昇進意欲を持たない職員にも，横並びから落伍することへの不安を与えることで，年次という客観的要因に基づいた画一的な昇進意欲を持たせる手法である。そうではない場合，個々の上位官職の給与や権力ややりがいや評判・名声が魅力的であることが必要であるが，こうした私的利害への訴求は，行政職員の規則に従った職務遂行

を歪める恐れがある。昇進という誘因を用いるのであれば，規則に基づく非人格的な業務遂行は期待できない。

　そうなると，上位官職は権力，金銭，名誉・社会的名声など，私的利害から見て魅力的であってはいけない。しかし，そうなれば昇進意欲は減退される。近代官僚制では，内部昇進とは，規則に基づいて一定の部下のなかから，一定の人間を上位官職に強制配置する仕組である。上位官職者には，権力欲・金銭欲・名誉欲もないが，辞職の自由が実質的に存在しない終身制の官僚制のなかで，「怒りも興奮もなく」就任する世界になる。昇進意志という自発性のないまま上位官僚に昇進させるのは，自由な個人の契約制という点には反するように思えるが，官僚制への任用自体は契約制による。そのなかには上司の命令による昇進も含まれる。一般には，組織のなかでは，権力欲・金銭欲・名誉欲などの私的利害に基づいて，出世競争があると考えられていて，それゆえに内部昇進制が成立する。しかし，規則に従う近代官僚制の場合，必ずしも，そのようなエネルギッシュな組織になるとは限らない。

（5）「天職」論

　近代官僚制は，私的利害を排除して，非人格的・客観的規則に服従することを求めるが，ある意味で人間離れしたことである。そこで，ウェーバーは，神の使命として与えられた職務，責務としての職務への専念という，「天職」という意識を想定する。近代官僚制での職務は，労働への対価や，私的事情・利益に基づいて行動するのではない。そこでは，私情を排除することが肝要である。

　生身の人間が「天職」として行動するのかは，疑問である。むしろ，私的利害を持ち得ることを前提に，近代官僚制は様々な工夫をしている。また，「天職」として任意の使命への奉仕に忠誠を誓う行政職員

は，近代官僚制の規則を超えた使命に忠実に，規則を逸脱することも正当化しかねない。近代官僚制での「天職」とは，合理的な規則に忠誠を誓う心理的帰依という，同義反復的な状態に陥る。規則に帰依することで私的利害を排除する人から官僚制は構成されるから，規則に帰依して私的利害を排除することが「天職」となる。その意味で，試験制も，行政の業務を遂行するのに必要な能力実証ではなく，規則遵守に帰依する心情と態度を問う，思想信条調査・適性検査にもなり得る。

2. 合法性と「法律による行政」原理

（1） 官僚制化と永続性

　ウェーバーによれば，近代化とは合理化であり官僚制化である。この場合の官僚制的支配とは，官僚制組織や有力官僚集団が政治を牛耳ることではなく，規則という様式での支配が，社会に広く行きわたることである。もちろん，具体の官僚制組織は，膨大で複雑な規則を権力資源として，素人民衆だけではなく，政治家や政権の意向を支配しようとすることはある。しかし，こうした官僚支配は，規則に従った支配ではなく，規則の提示や解釈を恣意的に左右することで権力を行使しているのであり，むしろ，官僚制的支配とは正反対である。

　官僚制的支配とは，即物化，非人格化，客観化，規則化である。つまり，担当職員が誰であるかによって，相手方が誰であるかによって，観念的に，人格的に，主観的に，恣意的には，行政の業務遂行がなされない。人間的・個人的あるいは縁故的な要素による依怙贔屓・不公平取扱などがなく，感情が排除される。それゆえに，規則に基づく官僚制は，法則的に運動するのであって，予見可能性が高まる。つまり，官僚制とは精密機械のようなものである，とされる。

　そうであるならば，官僚制化とは究極的には機械化である。実際，行政職員の実働を要する作業は，大幅に機械化されてきた。例えば，手書浄書は活字印刷・和文タイプを経てワープロ・パソコンに置き換えられ，ソロバンや筆算はタイガー計算機から電卓を経て表計算ソフトに置き換えられた。さらに，コンピューター・情報処理技術の進展は，意思決定にかかわる様々な情報処理を機械化している。官僚制化とは，飽くなき非人格化・規則化であるならば，情報技術の進歩（機械化・人工知能化）への執着は官僚制の基本的特質である。

　官僚制的支配を前提とした社会では，官僚制を破壊すると混沌が起きるので，支配を継続するのであれば，官僚制も永続する。暴力革命後に支配を行いたいならば，暴力による官僚制の廃棄のような根本革命は不可能である。むしろ，官僚制は精密機械のようなものであるから，革命・占領政権は新たな規則に基づいて官僚制を活用する。あるいは，一時的に官僚制が破壊されたならば，官僚制の再構築をする。

（2）官僚制における頂点と頂点の官僚制化

　官僚制組織は，上命下服の階統制であり，1人の上司と1人または複数人の部下の組み合わせの連鎖である。階統制の場合には頂点である最高幹部が最終的なすべての決定権限を持つ。しかし，最高幹部には，それを任命し，指揮監督し，制裁をする上司が存在しない。上命下服の「三人一組」の中間者が官僚の特質ならば，官僚は本当の最高支配者には成り得ない。つまり，最高支配者は非官僚制的存在である。

　例えば，専制君主制のもとで官僚制組織は有り得るが，専制君主に指揮命令をする上司はいない。あるいは，民主制のもとでも，府省庁のような官僚制組織は有り得るが，その最高幹部（執政）は首相・各相であって官僚ではない。首相が最高幹部ならば，通常の理解では，首相に指

揮命令する上司はいないので，首相は官僚ではない。

　もっとも，議院内閣制の場合には首相は国会（下院）多数派に任免されるから，国会を上司とする中間管理層に位置づけることもできる。このような官僚制的視点で上司の連鎖を遡（さかのぼ）っていくと，民主制の場合には，統治者＝被治者である民衆にまで行き着く。民衆に上司がいないのであれば，結局，官僚制の頂点は非官僚制的存在となる。

　官僚制は頂点が脆弱である。そこで，官僚制は，最高幹部を官僚制化していくために，官僚制組織全体をあげて，非人格的・客観的規則を制定・遵守する。官僚制の頂点も，非官僚的な万能の司令官ではなく，非人格的規則に支配された，規則によって権限を与えられた官僚制組織の歯車にする。つまり，官僚制組織は上司―部下の連鎖のように見えるが，上司も部下も官僚制組織の非人格的・客観的規則に服従させることで，官僚制的頂点も最高支配者ではなく組織の歯車の一つに格下げされる。

　例えば，日本官僚制の頂点である事務次官の任命も，非人格化・客観化された規則に基づいている。官僚人事は年次内部昇進が規則であり，事務次官も同様である。同一入省年次の同期生から１人しか次官候補者を官僚制組織内部に残さなければ，事務次官は大臣や内閣ではなく，官僚制組織自体が有する規則によって，規則的に決定できる。

　また，後継者指名方式も日本における頂点の官僚制化の手法である。現上司の人事は，さらにその上司が任命するのが官僚制であるが，頂点には官僚制内部の上司は存在しない。しかし，現頂点が辞める直前の現職中の瞬間に，部下の誰かに後任を託すことで，最高頂点の任命においても上命下服の官僚制的側面を維持する。頂点の任命においては，厳密な官僚制の上命下服が不可能なため，瞬間的・暫定的・過渡的に，勇退しつつある人物が架空上司として登場するわけである。

（3）官僚制の頂点と規則

　官僚制は階統制であるとともに，客観的で非人格的な規則による合法
的支配でもある。官僚制では，上司の恣意的な指揮命令に部下が服従す
るのではなく，規則に従った上司の指揮監督に服する。従って，官僚制
的な上司も規則に服する。つまり，官僚制の支配が強固になると，君主
にせよ民主制的指導者にせよ，官僚制を統制できなくなる面がある。

　しかし，論理的には，官僚制は頂点において非官僚制的存在を頂く。
その最高幹部は規則に従って部下に指揮命令をするとは限らない。最高
幹部は合理的規則を制定しないかもしれないし，規則を恣意的に運用す
るかもしれない。非官僚制的な最高幹部が，主観的で人格的な恣意によ
って指揮命令を始めるとき，官僚制は機能不全を起こす。

　それゆえ，官僚制を使う最高幹部は，主観的・恣意的な意思を，規則
の形式に翻訳して提示する。その意味では，最高幹部も規則を使う行動
様式に拘束される。あるいは，そうではなくても，最高幹部の提示する
主観的・人格的な指示を，あたかも合理的規則に基づいた指揮命令であ
るかのごときに，官僚制は思考停止または解釈する。このようにすれ
ば，例えば，虐殺・民族浄化・拷問・侵略戦争のような，最高幹部や組
織や党派やカリスマの非合理的命令であっても，官僚制はその「悪の小
ささ」「矮小さ」によって服従し，精密機械のように業務遂行する。ま
たは，そのように演出して責任回避と自己弁護する。これが「エルサレ
ムのアイヒマン」であり「壁の射手」であり「無責任体制」である。

　官僚制は，構造的に非官僚制的な最高幹部を内包し，それゆえに主観
的・恣意的・人格的な指揮命令が発せられ得る。しかし，官僚制は恣意
的な最高幹部の指示さえも，あたかも規則に基づく業務遂行であるかの
ように翻訳または解釈する精密機械のようなものである。

（4）規則の制定・審査

　官僚制は非官僚制的な頂点を内包するが，同時に，客観的・非人格的な規則を必要とする。そのため，官僚制が服従する規則を，外部者が制定改廃することが考えられる。

　外部である議会＝立法部が法律の制定改廃をし，行政は議会の定めた法律に従う。官僚制が規則を独自に制定することを認めず，法律の授権と委任のもとでのみ，行政規則を制定することを認める。また，官僚制による法律の解釈運用が，規則から逸脱しないように，裁判所＝司法部によって事後統制を受ける。つまり，権力分立制とは，行政が官僚制として規則による支配を行うことを前提にしつつ，官僚制が恣意的な規則の制定改廃や解釈運用を行わないように，法という規則によって縛る。これが，「法律による行政」の原理であり，「法の支配」である。官僚制は合法的に行動するとは思われていないわけである。

　議会のような外部者に，客観的・非人格的な規則を作る能力があるかは不明である。裁判所のような外部者に，客観的・非人格的な規則の運用について審査する能力があるかも不明である。官僚制とは，外部者が主観的・人格的に規則を作っても，あるいは，規則を作らなくとも，あたかもそれを客観的・非人格的な規則のように運用できる。

　しかし，外部者が主観的・人格的に制定した規則に服従するよりは，官僚制自身が客観的・非人格的規則を制定する方が，合理的支配を貫徹できるし，服従も確保しやすい。外部者が詳細な規則を制定・審査する能力を持たなければ，官僚制は詳細な内規を制定・運用する裁量を持つ。議会が制定する法律も，官僚制が起案する官僚立法によって制定される。また，官僚制は大幅な裁量を裁判所から許容される。こうして「法の支配」は，官僚制による合法的支配に転轍されてしまう。

3. 合法性の展開

(1) 客観的規則の演出

　行政において，非人格的・客観的規則の合法的支配が貫徹しているならば，階統制である必要はないはずである。上司が部下を指揮監督する必要はなく，客観的な規則のもとに各行政職員が個別に職務を遂行すればよい。実際，行政対象は，当然ながら行政の部下ではないが，各人が自律性を持って合法的に規則に従って行動している。例えば，交通法規に従うべき自動車運転者は，警察の部下ではなく，官僚制的な上司—部下の連鎖に組織化されてもいない。必要なのは，各個人が規則を遵守しているかを統制・監察する機能・機関である。例えば，自動車運転者を交通警察が取締を行う。

　合法的支配のために階統制は必然ではない。実際，官僚制においても，行政職員の非違行為の是正には，直属の上司の監督だけではなく，階統制の外部の別途の組織が必要である。例えば，警察においては，警官の非違行為は監察部門が統制している。官僚の汚職や腐敗は，階統制の上司がチェックするというよりは，司直の手に委ねられるのが普通である。つまり，行政職員や官僚が規則に従うことを担保しているのは，上司—部下として構成される階統制ではない。

　また，本当に客観的規則があれば，複数の上司が多種多様な指示を下しても問題はない。なぜならば，服従すべき規則は明確なはずだからである。上司が1人という命令一元化原理も不要である。

　このように考えると，官僚制とは，実は，すべての行政活動をカバーする非人格的・客観的規則が存在していないことを背景としている。非人格的・客観的規則があれば，上司の指揮や決裁を仰ぐ必要はない。客観的規則が存在しないなかで，あたかも客観的規則が存在するかのごと

き演出をして，対外的に表示するのが官僚制である。例えば，上司は部下の決定を取消す権限があるのは，上司と部下で規則の解釈が分かれることを前提にする。客観的規則はなく，担当者の人格的な解釈に依存する。また，命令一元化とは，上司が複数いれば，人格的に規則の解釈が分かれ得ることを前提にしている。あるいは，上司は部下が扱え切れない例外案件を処理したり，ときに規則を改定する。

　実際，行政の現場でも幹部層でも，非人格的・客観的規則の歪曲は起きる。官僚制において，非人格的・客観的規則の支配が貫徹しているわけではない。それは，裁量の必然性と必要性からも是認される。しかし，例えば，行政現場では，行政対象暴力や有力団体や「声の大きな住民」に屈することは，有り得る。むしろ，官僚制の実態は，一部の煩わしい／怖い／強い住民・政治家・事業者などには規則を恣意的に歪め，他の弱い住民・政治家・事業者などには形式主義を要求するという，過剰な裁量性であり，不公平性でもある。

　官僚制とは，本来は主観的で人格的に分かれ得る規則の解釈を，一元的に決定し，それを非人格化・客観化する仕組である。その意味では，上司の主観的・人格的または恣意的・裁量的決定に，部下を服従させる仕掛が中心である。結果として，官僚制は，非人格的・客観的な外観の規則を内部的に作成し，対外的に発出する。要するに，主観と恣意の決定をブラックボックス化・秘密化し，あたかも客観的・非人格的に決定しているかの合法性の外観で演出して，権威性・公平性を獲得する。

（2）規則化の再生産

　官僚制が合法性の外観のもとで，裁量的・恣意的または主観的・人格的に業務遂行することも知られている。このときに官僚制批判が生じるが，しばしば，その批判が官僚制の裁量性・恣意性に向かうと，さらな

る規則化・客観化・非人格化・非裁量化が求められる。例えば，官僚制による恣意的・裁量的な運用から，事前の明確なルールに基づく事後的・客観的な運用への転換が，「規制緩和／改革」の名のもとで提唱される。官僚制に委ねるのではなく，一定のルールに基づいた自由な市場経済に委ねるべきだ，という議論も登場する。

こうした議論は，客観性・非人格性を看板にする官僚制が，実態としては主観的・人格的であることを批判する。しかし，その処方として，客観性・非人格性の充実・強化という，規則化＝官僚制化が登場する。ある官僚制が批判されると，官僚制とは呼ばれないかもしれないが，実質的には別の官僚制に置き換わる。それは，事後的規制と称する司法官僚制の主観・人格的支配かも，ガバナンス・コンプライアンス・内部統制と称する経営層の主観・人格的支配かもしれない。

現実の官僚制は，主観的・人格的に規則を運用する。行為者はその規則を遵守して行動すればよい。もっとも，規則を逸脱する可能性があるならば，逸脱を取り締る必要が出てくる。

規則が行為者の行動原理そのものであれば，取締の必要は生じない。なぜならば，規則は，行為者の行動の法則性でしかないからである。社会科学によって「解明」された規則に従うゲームとしてみれば，行為者への取締は必要ない。例えば，自己利益を最大化する合利的行動をする合利的・功利的個人を前提にすれば，利己的に行動しない人のみを取り締まるだけでよい。あるいは，行動経済学など様々な社会科学が人間行動の法則性を解明し，かつ，その法則性にのみ依拠して規則を設計すれば，例外・逸脱は少数になるとともに，少数の例外・逸脱に対する取締活動だけでよい。

行為者の固有の行動原理から得られる行動の法則性とは異なる行為を求める規則が必要になると，規則からの逸脱行動が広く生じ得る。その

ため，取締や監督が広く必要になる。取締・監督行政が規則に従っていることを担保するために，官僚制の演出が再び必要になる。例えば，規制改革が規則化＝官僚制化を増殖させるのは，規制改革を求める発想が恣意的支配を嫌うことに由来する。官僚制が恣意的・裁量的に介入しないよう，それを防ぐ規則化と官僚制化が求められる。

（3）文書化の再生産

官僚制の非人格的な規則による取扱を保証するのが文書主義である。文書または電子情報に記載されていれば，行政職員および行政対象の双方の忘却，恣意，作話，水掛け論などを回避でき，一義的な証拠が存在する。しかし，それゆえに，官僚制は，規則の指示するところに則り，あるいは，念のため，膨大な量の文書を要求する。それは，「お役所仕事（red tape）」と呼ばれる。但し，通例の官僚制は，現物・実際・実地を確認しない。あくまで，書類上だけのバーチャルな完結を求める。様式などが形式化・形骸化して繁文 縟 礼に至る。

官僚制批判は，批判対象の旧来の官僚制をはるかに凌駕する文書化・官僚制化を進める。官僚バッシングや新自由主義改革・NPM なども，結果的に官僚制的な業務を増やす。それが「官僚制」と呼ばれないだけである。監査，評価，報告，指標，業績，説明責任，透明性，手続，証拠書類，データ，様式コード，プロトコルなどと呼ばれる。グレーバーは，「諸規則のユートピア（Utopia of Rules）」と命名している。

それは膨大な電子文書・書類作成という手続的統制かもしれない。監査・評価と称する書類作成と，主観的・恣意的判断かもしれない。事前の目標・計画の詳細な文書化かもしれない。文書と規則の膨張によって，裁量性・主観性・恣意性は消えない。膨大なペーパーワークは，裁量や恣意により記載・記入された／されない箇所を大量に含んでいる。

裁量・恣意の拡大への批判は，さらなる客観化・非人格化のための文書化・規則化を，悪循環的に要求する。官僚制的支配の深化としての官僚制化は，官僚制批判によってさらに拡大する永続性を持つ。

参考文献

アーレント，ハンナ『エルサレムのアイヒマン―悪の陳腐さについての報告【新版】』みすず書房，2017年

伊藤大一『現代日本官僚制の分析』東京大学出版会，1980年

ウェーバー，マックス『権力と支配』講談社学術文庫，2012年

カウフマン，ハーバート『官僚はなぜ規制したがるのか：レッド・テープの理由と実態』勁草書房，2015年

グレーバー，デヴィッド『官僚制のユートピア』以文社，2017年

曽我謙悟『ゲームとしての官僚制』東京大学出版会，2005年

辻清明『公務員制の研究』東京大学出版会，1991年

中野雅至『天下りの研究』明石書店，2009年

西尾隆『公務員制』東京大学出版会，2018年

野口雅弘『官僚制批判の論理と心理』中公新書，2011年

深谷健『規制緩和と市場構造の変化：航空・石油・通信セクターにおける均衡経路の比較分析』日本評論社，2012年

丸山眞男『〔新装版〕現代政治の思想と行動』未来社，2006年

学習課題

1．官僚制の様々な工夫は合法性の確保に繋がっているのか，他の方法はあるのか，考えてみよう。
2．官僚制が恣意的に規則を運用していると感じられる場面を列挙してみよう。
3．官僚が用いる行政指導は，合法性の観点から，どのように理解することができるだろうか。

9 | 行政の自律性

《ポイント》 行政組織は分業と協業の仕組であるため，一定の組織部分は自律性を持つ。そうした自律性が，ときには省庁共同体や人事グループを通じて，セクショナリズム・割拠性をもたらすこともある。行政組織は自律性を求めて色々な工夫を行うが，同時に，自律性は公平性・責任性・中立性に大きな影響を与える。

《キーワード》 分業，省庁，割拠性，セクショナリズム，人事グループ，省庁共同体，調整，縦割，稟議制，理念，評判，現場組織，行政委員会

1. 分業と自律

（1） 分業関係の濃度・方向

　行政は，多数の行政職員の協働作業を必要とするが，分業によって組織化される。官僚制組織の階統制は，分業の典型的なあり方である。国の行政でいえば，府・省，委員会・庁，局・統括官，課・室，係のようなかたちで，階統制の分業が形成されている。

　行政職員の決定に関して，すべての上司から最高幹部までが関与するのであれば，分業の意味はない。また，ある課の末端職員（係員）のすべての決定に関して，同じ課の別の末端職員がかかわったり，さらには異なる課の末端職員がかかわったりしては，仕事にならない。

　省庁組織のなかの分業の一つではあるが，通常の階統制に基づく上申・決裁ではなく，階統制を縦横に回っていく方法が稟議制である。稟

議制とは，末端職員が起案し，直属上司，官房・総務系の同僚・上司，関係課や局総務課・官房を経て，省庁幹部の決裁を得て，正式の決定をする意思決定方式である。この他にも，関係課間の会議や相互調整，上層部の発意とリーダーシップなど，様々な意思決定方式がある。

　同じ職層レベルという水平的にも，異なる職層レベルを縦に貫くという垂直的にも，ある末端職員の仕事における協働作業の広がりは限定されている。分業とは，一部の職員でのみ処理するにもかかわらず，組織全体の決定と見なすことである。こうした分業により，濃密に協働作業を行う範囲と，あまり濃密に協働作業を行わない範囲とが別れてくる。前者の範囲で，行政は自律性を帯びてくる。

　分業関係のなかで，協働作業の方向性は，双方向の場合と，一方向の場合とがある。例えば，末端職員は上司や最高幹部から一方向的に指揮監督や統制を受けるが，末端職員や現場の課係から，上司や最高幹部への質問・照会や意見具申が認められない場合もある。このような上意下達の組織の場合には，末端職員や現場の課係は上司や最高幹部に対しては自律性を持っているとはいえない。

　しかし，上司や最高幹部は，現場の課係や末端職員から影響を受けることはないので，自律性を持っている。上司や最高幹部は，いつでも現場の課係や末端職員を切断できる。こうすれば，部下に対して実質的に指揮監督をしていながら，上司の都合によって，責任を押し付ける「トカゲの尻尾切り」が可能になる。上層部に都合の良い自律性は，無責任性をもたらすこともある。

　逆に，末端職員や現場課係は，上司や最高幹部への意見具申や「突き上げ」ができるが，上司や最高幹部は「部内を押さえる」ことができないときもある。このときにも，自律性の方向性は一方向的である。つまり，上層部は自律性を有していないが，現場層は自律性を有する。この

ような「下克上」の組織の場合には，部下として上司を引きずり回しながら，上司に責任を押し付け，上司を担ぎ，都合によって引きずり下ろす。下層部に都合の良い自律性もまた，無責任性をもたらす。

（2）省庁割拠性

協働作業が濃密に行われる自律性の単位は，しばしば，客観的規則に基づく権限によってある程度は設計されている。しかし，協働作業は実態としての情報交流の濃度と方向の問題であるから，権限やそれを図解した組織図からだけでは，必ずしも明らかにならない。

所掌事務の水平的分業を明確にする職務権限は，行政職員が所掌事務の範囲内のことのみを思考・考慮するよう誘導する。部局のみの部分的最適化であり，他部局との調整や組織全体のことを考慮しないで，「部局の哲学」を発展させる。合理的規則によって，所掌事務の水平的分業は，重複もなく空隙もなく明確に規定されるはずである。しかし，現実にはそうはならない。そのため，裁量的拡大としての膨張主義や所管・権限争議が起きる。また，裁量的縮小として閉鎖主義や，消極的権限争議としての「盥回し」が起きる。

日本に限らず，行政組織が多元性を帯びることは，普通に指摘される。和製英語で「セクショナリズム」と呼ばれるが，省庁主義（departmentalism）は日本固有ではない。セクショナリズムは，今村都南雄によれば，歴史過程，政治過程，組織過程の3つからなる。組織過程とは，組織分業に基づく見解の相違である。職位・官職が見解・立場を決める。政治過程は，政治的多元性が行政の分立性に反映する。行政は政治的アクターが活動するアリーナであって，行政部局間の政策論議の形態で政治対立が表現される。そして，セクショナリズムは，歴史的な沿革を継承しながら展開される。

　日本官僚制のセクショナリズムは，明治国家において，近世封建領主の群雄割拠の伝統を投影したものとして，割拠制と呼ばれてきた。行政の分業の多元性が，同時に，明治政治家たちの権力基盤にもなってきた。ある政治家は，特定の各省大臣を務めれば，その省を自らの権力基盤とし，他の政治家と対抗できる。もっとも，特定の政治家が半永久的に各省大臣を務めることにはならなかった。

　実際に省組織を権力基盤にできたのは，長く同一省に務める官僚である。特定の省が特定の官僚たちの権力基盤となる省の割拠性が登場する。勿論，論理的には，上記の政治家と同様に，官僚も各省間を異動すれば，特定の官僚集団にとって特定の省が権力基盤になることはなかったであろう。ただ，実際問題として，あまりに異なる行政分野に異動になると仕事に支障が生じるという懸念などから，全省横断的な人事異動をしなければ，省組織が権力基盤としての自律性を持つようになる。組織の自律性は任用の自律性とも関係している。

（3）調整・連携・縦割

　協働作業が濃密に行われる組織の自律性の単位は，省庁単位とは限らない。例えば，「省あって国なし」といわれながら，同時に，「局あって省なし」という言葉もあるように，省内で一様に協働作業が行われるのではない。省内でも局単位で分業が行われている。局間の協働作業は，局内の協働作業よりはるかに弱い。同様に，日常の仕事は課単位で行われており，必ずしも局内の課間の協働作業が多いとは限らない。階統制組織が入れ子構造であり，より近い単位での協働作業が濃密であるから，多段階的・多階層的なセクショナリズムとなる。省は他省と対抗するときに，局は他局と対抗するときに，組織単位となるが，省内・局内ではそれぞれに自律性ある組織単位から構成される。

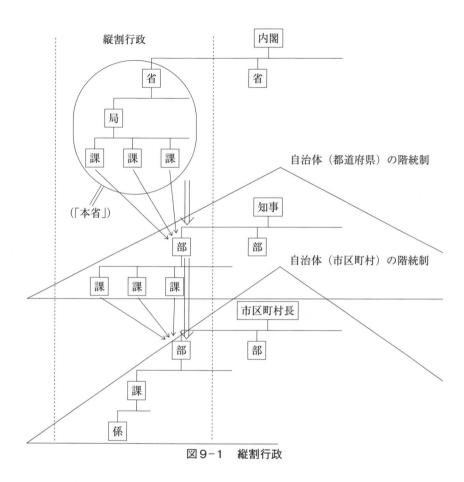

図9-1　縦割行政

　階統制組織は，権限上は単一の最高幹部によって統合されるはずである。しかし，自律性のある下位単位を上層部や頂点が統合することには限界がある。それゆえ，自律性ある組織間の相互調整が実際には重要である。また，上層部が直接に総合調整することは困難なため，自律性のある組織間の調整を担うような，また別種の自律性ある下位組織が発生

する。階統制組織においても，調整が重要になる。

　調整の論理は，階統制組織の外部においても成立する。同一の最高幹部を共有しない組織は，それぞれに自律性を有するので，多組織間または多機関の連携が求められる。

　階統制組織をまたがっても，様々な濃淡の協働作業が成立する。このような組織間を横断・縦断する協働には，良い面もあれば悪い面もある。例えば，縦割行政とは，国の省庁・局課ごとの割拠性・自律性が，そのまま都道府県・市区町村にも及び，自治体という階統制組織の内部でも，割拠性・自律性が再現される現象をいう。このため，階統制組織の建前や，首長による民主性・代表性に基づく組織統合や総合調整よりは，国の「本省」の意向が自治体各部局に貫徹する（**図9−1**）。

　とはいえ，特定の行政分野については，国・都道府県・市区町村という個々の階統制組織の壁を貫通し，濃密な連携と協働が成立しているという見方も，各省庁の政策形成・政策執行を貫徹する視点からは指摘される。円筒型行政・共同行政ともいわれる。

（4）人事グループ

　協働作業が濃密に行われる組織の自律性の単位とは別に，それと密接に関係しつつ，行政職員の人事任用に関する人的集団の自律性の単位がある。これがグループ別人事である。実際の行政組織では，様々な別の人事グループの行政職員が，チームとなって協働作業している。行政組織の個々のポストには，どの人事グループの行政職員が就任するかの棲み分けがされる「指定席」があることもある。こうした人事グループは，それぞれ人事任用に関して一定の自律性を持っている。

　大規模組織は，単一の人事担当部局によって一元的に管理するのは困難であるため，いくつかの人事グループに分業することは自然である。

大規模組織でなければ，一元的な人事管理も可能である。また，技術的には可能であっても，人事グループが現存する場合には，それぞれのグループが自律性を拡大すべく相互に生存競争と盛衰・興亡を繰り広げるので，グループ統合は政治的に困難なこともある。

　人事グループは，行政組織の自律性を前提に形成されることもあるが，組織の分業単位を超えて形成されることもある。人事グループが架橋することによって，自律性ある組織間の連携や調整がなされることもある。その意味で，組織と人事の自律性は相互作用を持つ。

　国の場合には，様々な人事グループに分かれている。最も大きな分裂はキャリア・ノンキャリアの区別であるが，省庁横断的に一枚岩のキャリア集団・ノンキャリア集団が存在するのではない。キャリア官僚は，事務官と技官に分かれ，さらに，それぞれが省庁ごとに，総務省のような巨大省（giant department）の場合には省内でも複数に，分かれている。事務官と技官の区別をしない省庁もある。ノンキャリアも，採用試験区分・選考採用区分によって細分化されている。さらに，採用区分が同じでも，省ごと，庁ごと，局ごと，出先機関ごとに，人事グループが分かれている。それぞれの人事グループに，人事を担当する組織・職が存在する。各省キャリア集団の人事は大臣官房が担うが，他の人事グループの人事は別の部局が担当することも多い。

2.　自律性の獲得

（1）行政資源

　行政が自律性を持つためには，予算，人員，権限などの行政資源を安定的に調達することが必要である。外部環境に行政資源を依存すれば，行政資源を握る外部環境が権力を持つ。そうなれば，行政は行政資源を

握る外部環境に対して，自律的に行動できない。

　第1に，行政は財源を安定的に確保し，できれば拡張させることを目指す。行政職員の行動原理が「予算最大化」として描かれるのは，自然である。但し，予算最大化を目指す行動が，様々な要望や条件を呑むことと引き替えならば，予算最大化は行政の自律性ではなく依存性・従属性に繋がる。外部に対する特段の約束をすることなく，半自動的に財源を獲得することが目指される。

　行政組織は予算獲得において，内閣・議会や財務省への自律性を持たない。それゆえに，個別事業や政策に関する知識の優位によって，自律性を回復しようとする。また，漸変主義（incrementalism）は，前年度予算を半自動的に確保する意味で，行政の自律性に有効である。

　第2に，行政は人員を安定的に確保し，できれば増員を目指す。行政の行動原理は，組織膨張にあると描かれることも自然である。人員が安定的に確保されれば，外部環境に人的実働力を依存しないで済む。定員管理制度は，組織の定員の安定性に影響する。定員が組織別に決定されていれば，大くくりの定員決定よりは，各組織にとっては安定する。もっとも，定員の増減を決定する権力の大きさにも左右される。定員査定部局の権力が大きければ，個々の組織の定員は安定しない。

　人員の安定的確保は，人件費に反映するので，既存現員の存在それ自体が，義務的経費を獲得する要因になっている。

　実際の人的資源は，単に員数ではなく，個々の行政職員の能力形成にも左右される。それゆえに，終身雇用の行政職員を，OJT その他内部的に教育訓練することが，行政の自律性に繋がる。行政が内部的に能力形成ができない場合には，外部人材に行政は大幅に依存する。

　財源と同様に，人員拡大がかえって，行政として負担を背負い込むこともある。ある成果を達成することを条件に人員増を認められれば，成

果への厳しい統制を受ける。また，多数の人員は人事管理の難しさを抱え込む。民営化や民間委託や非正規化などを行政が進めるときには，内部管理の手間からの自律性への希求が作用する。官僚的組織調節（bureau-shaping）は，減量を指向することもある。

　第3に，行政は法的資源を安定的に確保し，できれば増加させることを目指す。立法に関して行政は議会に依存している。しかし，内閣提出法案を実態としては官僚が作成するので，法律の内容自体を実質的に行政が掌握できる。

　また，行政は適法性・合法性を巡って裁判所による司法審査を受けるから，裁判で負けないことが行政の自律性を確保する。もっとも，司法の意向を予測反応しただけならば，必ずしも行政は自律性を持たない。むしろ，行政の意向を裁判所が否定しないように，様々な影響力を裁判所に行使することが重要になってくる。

　法律以外の行政立法や行政規則という法的資源は，行政自身が自ら生み出せる。官僚制にとって，規則は自律的に確保できる重要な資源である。また，法令は，特段の制定改廃をしない限り永続する資源であるため，財源・人員以上に資源の安定性には適している。

　もっとも，財源・人員と同じく，法的資源も，同時に行政に対する足<ruby>枷<rt>かせ</rt></ruby>になることもある。法令によって行政は義務を課されることもあるので，法的資源は諸刃の剣でもある。義務実施に見合う財源・人員が調達できない場合には，かえって法的権限は行政の自律性を失わせる。

（2）利益共同体

　行政資源に承認を与えるのは，執政を握る政府与党である。政府与党は，一般民衆の世論や利益集団の支持に支えられている。また，財源・人材の源泉を生み出すのは経済社会であり，広い意味での経済社会の発

展を図るとともに，その支持を受けることが重要である。

　行政は自律性を確保するためには，行政資源を握る重要な外部環境との良好な互恵関係を構築することが重要である。行政は，自律性を目指す組織単位ごとに，密接する範囲の仕切られた外部環境と利益共同体を構築する。利益共同体は，より外部に対して，行政の自律性を守る防護壁となる。しかし，利益共同体は，メンバーの既得権益を守り，さらなる権益拡大を図るために，行政活動に制約や負担を与えるので，行政の自律性にとっては桎梏^{しっこく}になることもある。

　省庁を単位とする利益共同体が，「省庁共同体」（森田朗）である。省庁の行政組織・行政職員，関連する与党政治家（「族議員」），省庁の政策分野に関連する業界団体などから形成される。いわゆる「政官業」の「鉄の三角形」である。こうした省庁共同体は，省庁が直面する様々な圧力に対して，省庁の自律性を保持することに繋がる。

　例えば，政権が官邸主導によって，あるいは，出身省庁共同体の利益や個人的野心を背景に行動する官邸官僚によって，特定の政策に関して所管省庁に介入するときに，省庁共同体のメンバーである族議員や業界団体が，省庁の自律性を守る。あるいは，財務省や内閣が予算削減を目指すときに，予算を死守しようとする所管省庁にとって，族議員や業界団体は大いなる応援団となる。もっとも，業界団体の利益を守るために，族議員や省庁官僚が動員されるともいえる。

　省庁共同体は，できるだけ有力な業界・政治家をメンバーとして多く抱えた方がよい。このため，しばしば，各省庁は所掌事務という「なわばり」を維持し，拡大しようとする。しかし，通常の場合，既存の業界は他省庁の「なわばり」であって，簡単に「なわばり」を拡大できない。むしろ，技術革新などによって成長する新興業界を巡って，激しい「なわばり」争いが生じる。

　同じ「なわばり」を維持しても，衰退産業である場合には，結果的に省庁共同体の持続可能性と自律性は低下する。むしろ，衰退産業は，行政の桎梏になりかねない。そこで，省庁は業界の既得権益を切り捨てることもある。こうしたことは，省庁共同体内部の互恵関係を阻害し，内紛を招き，行政の自律性を弱める危険性もある。しかし，既存業界の既得権益を守るだけでは，行政の自律性を持続できないので，ある段階では省庁共同体の内部改革をせざるを得ない。

　また，組織対組織の互恵関係が心許ないときには，官僚は個人的にコンサルタント化して互恵関係を形成することに走る。

　行政の自律性の単位は，省庁だけではない。様々な行政のセクショナリズムの単位に沿って，それぞれの範囲で利益共同体は形成される。実際の業界は，各省の所掌事務の範囲よりも，もっと細分化している。例えば，広い意味での経済界・財界は存在するので，経済産業省という単位に対応する省庁共同体は有り得る。しかし，業界はもっと細分化されているので，政官業共同体ももっと小さい単位でも存在する。

（3）理念・評判

　行政は，狭い利益共同体の互恵関係を超えて，広く一般社会からの支持を得ることで，自律性を獲得できる。行政は理念を提示し，理念への漠然とした賛同を得て，行政資源の獲得を図ることで，行政運営の具体的な取扱に関する自律性を目指す。政策目的は，望ましい社会や，あるべき行政についての理念を体現しており，政策目的に沿って行政が組織化されることは，理念を提示することを容易にする。

　行政組織が提示する理念は，対外的な支持の調達や，対内的な行政職員の協働の獲得に，重要である。例えば，経済成長が政策理念であれば，対外的にも経済官僚は高い期待を集めるとともに，内部的にも粉骨

砕身・無定量忠勤するよう経済官僚は志気を高める。また，環境保全が理念の場合には，その方向で対外的・対内的な自律性が確保されていく。勿論，理念の力は恐ろしく，「やりがい搾取」や，行政組織が理念に自縄自縛されて，自律的な衰退に繋がることもある。

　理念が妥当であるとしても，理念を実現する能力への期待がなければならない。このために，行政は，妥当性ある問題解決能力や，公平性・合法性・専門性・公開性ある行政運営などに対する，様々な社会の期待を獲得する必要がある。このように形成されるものが評判（reputation）である。例えば，経済成長という理念の実現を官庁が主導したのであれば，大蔵省や通商産業省などの経済官庁は高い評判を得る。仮に行政活動の結果ではないとしても，評判は行政に帰着する。

　逆に，経済成長という理念が変わらないまま，経済成長の達成に失敗すれば，経済官庁の評判は地に落ちる。1990年代の金融危機や長期デフレ不況によって大蔵省は解体された。しかし，経済不況が，経済成長への期待を高める側面もあるので，うまく立ち回れば期待を高め，限られた成功の実現により評判を獲得する機会にもなり得る。

3. 自律性の操作

（1）自律性と公平性

　行政に対しては，公選職政治家からも，民間の様々な利益団体や民衆諸個人からも，有利な取扱を求めて，介入や陳情などの働き掛けがなされる。このような個別例外取扱の要求に対して，公平性を維持できなければ，行政は正当性を大きく失う。しかし，現実には行政資源を外部に依存しているため，圧力を排除することは簡単ではない。

　行政は，政策形成と政策執行の分業によって，全体としての自律性を

確保しようとしている。すなわち，与党の政策指向性は，政策形成に反映し，その結果として政策や法令・予算が一般的に設定される。その限りでは，政策形成に携わる行政職員は政策過程や政策判断に深く関与する。それゆえに，与党からの介入に晒される。しかし，政策執行を担当していなければ，現場の執行の限界などを盾にして，与党からの個別介入に対抗する自律性を持ち得る。

　政策執行の具体的な現場において，ときに政治家の支援も求めながら例外取扱を求める人々や事業者など行政対象に対しては，自律性ある行政組織は，法令や予算などの政策枠組を盾に対応しないことができる。単純に現場の政策執行組織が自律性を持てば，現場での裁量が可能になるから，現場での公平性を歪める圧力に抗しがたい。政策枠組を定める上位の行政組織に従属しつつ，個別取扱に関しては上位組織がかかわらないことが，全体としての自律性・公平性を担保する。行政組織は，政策形成にかかわる本省本庁組織と，政策執行にかかわる現場組織とに分業することで，行政全体としての自律性と公平性を担保しようとする。

　こうした発想は，本省と実施庁・出先機関で見られる現象である。例えば，国有財産に関しては，財務省本省（理財局）と各地方財務局が分担しており，前者が政策的な，後者が執行的な役割を分業している。また，外郭団体や自治体も，事実上の国の現場組織として活動している。

　もっとも，このような仕組にしても，公平性を歪めることは可能である。第1に，個別的な例外取扱が可能になるように一般的な方法で，政策枠組を設定すればよい。

　第2に，執行する現場組織にも自律性があるはずだから，例外取扱ができるはずという圧力に抗しがたい。個別事案処理の自律性が高ければ，上位の行政組織を防御壁として使えない。同一組織のなかでの本省と現場であれば，現場の裁量的な例外取扱が，本省の責任性にも波及す

るので，本省も慎重になる。しかし，現場組織を別の行政法人や執行庁に分離してしまえば，現場の例外取扱の責任性は本省に及ばない。それゆえに，本省は安心して無責任に現場組織に例外取扱を求め得る。本省と現場執行組織の分離は，現場での公平性を失わせ，にもかかわらず，外部の圧力を受けた本省の無責任な現場介入を容易にする。

　第3に，現場組織では本省の定めた政策枠組に従って例外取扱できないときに，何らかの融通性を持たせた方が望ましい場合も有り得る。このときには，現場組織だけの判断では例外取扱できないから，本省に上申して，例外取扱の判断を仰ぐ仕組になる。政策形成に当たる本省は，同時に政策執行に関する例外取扱もできる。こうなれば，公選職政治家との接点の多い本省において，例外取扱への圧力に抵抗することはかえって難しい。むしろ，本省からの例外取扱の要請に対して，政策枠組の合法性を遵守する現場組織が，一定の自律性のあるときに，公平性が維持される。また，現場組織はあえて本省に例外取扱の判断を仰がず，本省もまたそれを黙認することで，圧力を回避する。

（2）自律性と責任性

　行政は分業の仕組であり，幹部層がすべての末端の処理については関与できない。しかし，末端職員や現場組織の裁量に任せたにもかかわらず，その決定の結果は組織全体に及ぶ。それゆえ，幹部層は，現場に任せきることはできず，何らかの関与をしようとする。しかし，関与をすれば，幹部層の業務負担が重くなる。幹部層は現場のノウハウや知識を持たないので，うまく業務を遂行できないことも生じる。そして，失敗した結果に関する責任も幹部層に及ぶ。

　関与に伴う幹部層の負担を減らすためには，決定を末端職員や現場組織の自律性に委ねる。現場で問題があれば，それは自律性のある現場組

織の責任であり，幹部層の問題ではないと責任回避を行う。しかし，現場組織の自律性に委ねた結果，幹部層の期待とは異なる処理がされる恐れもある。幹部が望む政策が実現できないので，是正措置のために新たな対策をするなど，様々な負担が発生する。幹部層は，こうした関与と委任のバランスを図りながら，自らの自律性を確保しようとする。

　他組織の自律性を認めることによって，責任性自体を限定することも考えられる。行政は規則に基づいて権限と責任が付与されるので，「権限への逃避」が責任回避として有効である。しかし，回避した責任の引き受け手がないと，結局，責任を引き受ける圧力に晒される。そこで，責任転嫁できる自律性ある他組織が必要になる。

　政権与党にとっては，政治的党派性・政策指向性に伴う危険は，下野するときに大きく発生する。政権を維持できるならば，行政組織の自律性を認めず，自らの指揮監督のもとに置いた方がよい。しかし，対立党派が政権を握る場合には，行政組織には自律性があった方が，対立党派の指揮監督を直接に受けないので都合がよい。このように，自律性は，自らの権力の継続可能性によって，欠点にも利点にもなる。

　例えば，政権与党にとって半永久政権が見込まれるときは，中央銀行，公務員制度，司法制度，自治体，外郭団体，市場経済，公共放送などに，自律性を認める利点は少ない。下野可能性が高いならば，これらの組織の自律性を認めることが，下野が近い政権に利点がある。

（3）自律性と中立性

　行政は，政治的党派性・政策指向性を帯びた執政の指揮監督を受けるため，必ずしも政治的中立性を持たない。そのため，政治的中立性を特に必要とする行政分野の場合には，自律性を確保する必要がある。執政の指揮監督のもとに置かない自律的な行政組織が求められる。

　執政の直接的な指揮監督のもとに置かない自律性ある行政組織の典型が，行政委員会である。行政委員会は合議制であり，独任制の階統制を原則とする一般の行政組織とは，組織原理が異なる。しかし，合議制／独任制の選択と，自律性／従属性の選択とは，一対一の対応ではない。独任制でも，執政から自律性を持ち得る。とはいえ，一人の責任者に指示を与えれば済む独任制に比べて，合議制機関の方が複数人での合議を要するため，外部への抵抗力が強いと想定される。

　自律性ある行政組織は，執政の民主性によって正当化することは容易ではない。そのため，しばしば，自律性ある行政組織においても，法令による授権や予算の配分などによって，民主性を補充する。例えば，行政委員会において，規則制定権（準立法権）が認められたとしても，最終的には法律の範囲内での活動となる。行政委員会といえども，財源・人員は執政部予算によって統制されており，独自に財源調達できない。仮に二重予算制が認められ，執政部予算として認められなかった案件につき，議会に対して直接の予算案を提出しても，議会多数派（しばしば政権与党）の承認なくして，行政委員会も活動はできない。その意味で，行政委員会の自律性も，相対的である。

　また，行政委員会などの自律性ある行政組織は，公選職政治家からの支持を得られないと，かえって，行政対象である業界・民間事業者などの支持を必要とする。例えば，政官業の利益共同体で，政治家の存在が弱くなるほど，行政組織は業界との互恵関係を構築せざるを得なくなる。業界との互恵関係と利益共同体の形成によって，行政組織は政治・世論や社会一般など対外的には自律性を得る。しかし，利益共同体内となった業界への規制を，行政組織が自律的に行いにくくなる。

参考文献

伊藤正次『日本型行政委員会制度の形成―組織と制度の行政史』東京大学出版会，2003年

伊藤正次(編)『多機関連携の行政学―事例研究によるアプローチ』有斐閣，2019年

今村都南雄『官庁セクショナリズム』東京大学出版会，2006年

大谷基道・河合晃一（編）『現代日本の公務員人事―政治・行政改革は人事システムをどう変えたか』第一法規，2019年

大森彌『官のシステム』東京大学出版会，2007年

河合晃一『政治権力と行政組織：中央省庁の日本型制度設計』勁草書房，2019年

ジョンソン，チャーマーズ『通産省と日本の奇跡』TBS ブリタニカ，1982年

城山英明・細野助博・鈴木寛『中央省庁の政策形成過程―日本官僚制の解剖』中央大学出版部，1999年

城山英明・細野助博『続・中央省庁の政策形成過程―その持続と変容』中央大学出版部，2002年

新藤宗幸『教育委員会―何が問題か』岩波書店，2013年

田丸大『法案作成と省庁官僚制』信山社，2000年

辻清明『新版日本官僚制の研究』東京大学出版会，1969年

西尾隆『日本森林行政史の研究―環境保全の源流』東京大学出版会，1988年

牧原出『行政改革と調整のシステム』東京大学出版会，2009年

森田朗『新版　現代の行政』第一法規，2017年

若林悠『日本気象行政史の研究―天気予報における官僚制と社会』東京大学出版会，2019年

渡辺恵子『国立大学職員の人事システム―管理職への昇進と能力開発』東信堂，2018年

学習課題

1．省庁の縦割はどのような現象なのか，論じてみよう。

2．行政組織に自律性が乏しいと，どのようなことが起きるだろうか。

3．行政委員会と省庁との違いは何だろうか。

10 | 行政の妥当性

《ポイント》　行政の妥当性に焦点を当ててきたのは政策評価であるが，政策過程のすべての段階で妥当性は問われている。妥当性への評価は有効性と能率性を中心とする。妥当性の評価は政策論争の側面を拭いきれない。そのため，実際には，様々な形態の行政論議と非難合戦となって現れる。
《キーワード》　政策判断，学術論争，目標，有効性，能率性，経済性，必要性，投入，産出，帰結，行政論議，非難

1. 妥当性の論争

(1) 行政論議

　行政の妥当性は政策判断を含まざるを得ず，行政にかかわる命題は，専門性による衣装を纏（まと）うにせよ，「科学的真理」ではなく，政策過程における行政論議（administrative argument）によって検討されていく。能率性などを研究してきたハーバート・サイモンは，戦間期アメリカに成立した正統派教義の行政学について，「原理（principle）」などと称しているが実態は「格言（proverb）」の域を出ないとして批判し，「行政科学（administrative science）」の形成を目指した。他方，ドワイト・ワルドーは，正統派教義を政治思想的に分析する方向性を打ち出した。前者の方向性の科学的理論であっても，それが行政に利用されるときは，政策判断を含む行政論議にならざるを得ないし，そもそも，実践的な専門知識においては，実態上は学術作法を通じた行政論議になる。

　クリストファー・フッドとマイケル・ジャクソンに拠れば，行政に関する言説は，「学理（theory）」ではなく「教説（doctrine）」（法理／理法）となる。行政教説は，影響力を求めて，実践的説得力を重視し，行政論議と職員や人々の受容との架橋を目指す。行政教説は，曖昧・要約・比喩，選択的な例証，疑念の中断などによって説得の「証し（proof）」とする。対置される行政学理は，理解を求めて，説明力を重視し，行政上の設計と業績との架橋を目指し，ハードデータに基づく事例の体系的分析を説明の証拠とする。もっとも，多くの場合，専門性に基づく学理も，行政に適用されるときには行政論議と化している。行政に関する「哲学（philosophies）」は，正論化の観点で比較的一貫した教説の集合体である。

　教説・哲学で重要なのは，正論化（justification）である。行政論議は，他者に受容させるべく正論化を行う。行政論議の正論化には様々な理由が動員されるが，両氏は３つの類型に分けている。第１はシグマ・タイプとされ，行政資源の能率性・経済性と業務の妥当性にかかわる。第２はシータ・タイプとされ，公正性・中立性・答責性などにかかわる。第３は，ラムダ・タイプとされ，適応性（adaptivity）・学習性（learning）・強靭性（resilience）などにかかわる。この３タイプは，重複して使われることもあるし，それ以外の理由の可能性もある。

　有効性・能率性で妥当性を評価するのは，シグマ・タイプの正論化理由の一種となる。しかし，行政論議で使われる理由の可能性は広く，妥当性の政策判断は，より広くより論争的である。それゆえ，説得と受容を目指して繰り返し似たような行政論議が繰り返される。

（2）非難合戦

　行政に関する妥当性が論議され，様々な対処がなされても，行政の問

題は消えない。一方では，行政論議における妥当性は，ある政策判断を
もとにした評価にすぎず，客観的・一般的には通用しないからである。
他方で，実際の妥当性の論議において，執政政治家や行政職員は，非難
リスク（blame risk）の回避を念頭に行動するからである。

　非難とは，行政の悪い事柄を，誰か他人・他主体の所為にすることで
ある。非難の反対は信用（credit）である。妥当性に関する行政論議
は，責任性ある主体または代理人を探すことになる。クリストファー・
フッドは，この非難合戦（blame game）の構造を検討した。

　それに拠れば，為政者には大別して3つの非難回避戦略がある。第1
はプレゼンテーション戦略である。例えば，非難を限定したり，逸らす
べく，損害が大したことはないとか，果断な対処措置によって非難を信
用に変えるなどの，印象操作を行う。そのためには，相手方を論破した
り，反対に低姿勢にしたり，逃げ隠れしたり，幕引きを画策したり，話
題転換をしたり，あるいは早めに謝罪をして機先を制することもある。
いわゆるスピン・ドクター（謀略策士）の助言を活用する。

　第2はエージェンシー戦略である。組織構造や権限配分の改革によ
り，非難を呼ぶ行動は他者に権限移譲し，信用を得られる行動は自分の
権限のもとに置く。そのため，組織内のどこかに権限移譲して押し付け
たり，組織外とのパートナーシップによって非難先を拡散させたりす
る。第三者機関を作って非難をかわすこともある。また，組織内では問
題部署を再編し，問題人物を異動させるなど，非難の獲物を移動させ
る。あるいは，組織外では市場という非人格的な力の所為にする。

　第3は政策戦略である。為政者は政策的対処によって，非難を回避す
る。規則重視の約束事（プロトコル）化と手続の自動化で非難を避け
る。事務処理の多人数化によって非難が集中しないようにしたり，個人
化により非難を利用者・顧客や現場職員に仕向ける。また，非難を呼び

そうな行動を禁欲する。

戦略は重複して使われることもある。例えば，プレゼンテーション戦略とエージェンシー戦略を組み合わせれば表面的権限移譲になり，エージェンシー戦略と政策戦略を組み合わせれば政策自動化になる。

非難合戦では，行政組織の階層によって，異なる状況に置かれる。上層部は自分たちの信用を保持し，非難を中下層や外部に押し付けようとする。広報や印象操作のためのプレゼンテーションに多くの行政資源を使える立場にあり，問題が起きたときには組織改革もできる。下層職員は，問題を組織や上位者の所為にし，自分たちも犠牲者であると非難回避を試みる。また，職員個人が自律性を持って業務遂行すると非難を押し付けられやすくなるので，群れて集団行動をしたり，上司に報告連絡して上司を巻き込み，組織の定めた規則に固執しておく。

中間管理層は，上層部や下層職員から非難を押し付けられる可能性もあるが，その逆も可能であるし，他の中間管理層や外部に転嫁することもできる。下層職員が上層部に直訴して，中間管理層が頑迷固陋で問題を起こしているとされるのは非常に不味い。そのため，中間管理層は上層部に上申し，下層には権限と裁量を付与し，ある意味で「担当者不在世界（no-one-in-charge world）」を作る。

非難合戦は，行政組織の外部も巻き込む。通常，マスコミ，野党政治家，民衆，事業者のような外部は非難側に回り，行政が非難される側に回ると思われるが，必ずしもそうはならない。行政側の非難回避が成功すれば，外部者に非難が振り向けられる。例えば，「自己責任」論は，被害者自身が非難されるべきで，行政は非難されるべきではないとする。市場原理主義は，敗者になることを本人の所為にする。

非難合戦で，行政の対応が成功することもあれば，限界もある。また，非難合戦の結果として，行政組織や民衆にとって，正の効果が生じ

ることも負の効果が生じることもある。非難リスク回避は，為政者の動機付けとなり，慎重な政策決定に配慮したり，答責性を重視したりすることもある。逆に，印象操作に走ったり，業務遂行を傷付ける組織いじりや，杓子定規で萎縮した対処に終始することもある。

2．有効性

（1）政策判断の固定

　有効性（effectiveness）とは，行政の活動実績について，ある基準に照らして，目的の達成度を評価することである。基準設定には政策判断を要するので，客観的には存在しない。しかし，ある政策判断に基づき政策決定がなされれば，それを所与にして有効性を評価できる。評価基準に対して，政策判断に関する政策論争をすることもできる。

　有効性の評価は，行政自身が掲げた政策目的を参照基準にして，検討できる。他者が掲げた政策目的であるならば，行政は政策判断が異なるという行政論議や非難回避が可能である。しかし，自らが掲げた政策目的に対しては，政策判断が異なるという理由では評価を免れられない。

　政権選択の選挙に際して，政党や候補者が掲げた公約やマニフェストは，有効性を評価する参照基準を固定する効果がある。政策目的は政策判断に依存するものであり，絶対的基準は存在しない。しかし，民主性に基づいて決定された以上，それ以降は，政策指向性にかかわりなく，政策論争を回避して，誰でも有効性を判断できる。

　とはいえ，選挙ですべてが決まるのは，規範的でも現実的でもない。公選職政治家が行政職員と協働をしながら政策決定する。それゆえ，政策が決定されてから，それをもとに評価が可能になる。行政は政策決定をもとに行われる以上，有効性の評価基準を持つ。例えば，独立性・自

律性・中立性のある会計検査院が評価できるのは，行政（受検庁）が自ら政策決定をしているからである。

政策目的や評価基準に数値目標を掲げておけば，有効性を定量的に明確に判別できる。数値目標を掲げた計画やマニフェストは，その意味で事後評価を容易にする。有効性の評価は党派的論争を回避することを可能にし，為政者の弁明による非難回避を許さない，厳しい行政統制の手段となる。逆にいえば，政策目標は曖昧にしておくことが，為政者が問責を逃れる方策となる。その結果，数値目標を掲げた計画であっても，いつしか漠然とした文章表現に後退していく可能性がある。

多くの政策では，明確な数値目標を掲げることは現実的ではない。政策目的を巧く操作化した妥当性のある数値目標を発見することが，容易ではない。出来の悪い数値目標を掲げるとノルマ主義・員数主義となり，数字は達成しても，政策目的は実現しない。あるいは，数字だけは合わせようという，歪んだ行政運営を促す。問責や非難を回避したい政治的思惑によるだけではなく，技術的にも数値目標を定めることは難しい。

政策に数値目標がなくても，政策判断を前提に，有効性を明確に数値化できる尺度があれば便利である。しかし，ある政策的価値を数値化（操作化）した尺度が適切かどうかは，必ずしも明らかではない。例えば，経済成長の尺度として，GDP以外にも様々な尺度が有り得る。景気や生活状態や不平等・格差についての経済界や民衆の実感でも，数値化した有効性の判断は可能である。

政策目的が漠然としていると，有効性の評価は難しい。あるいは，様々な妥協の結果として成立した政策の目的は，玉虫色で曖昧で矛盾するため，有効性の評価は，政策論争を再燃させざるを得ない。

政策目的が漠然としても，あるいは妥協の産物であっても，その解釈

として，政策論争や政策判断に踏み込まずに，有効性を評価できるかもしれない。しかし，現実には，漠然とした目的を解釈して具体化していくこと自体は，通常は政策判断の要素を含む。政策評価に政策判断が入ってくれば，それだけ，中立性・自律性のある有効性評価は難しくなる。有効性の評価は，例えば，議会での質疑などの論戦や世論調査などの政策判断として示される。そのため，有効性の評価についても，行政側の自縄自縛を前提にした結論を示すものではなく，行政論議の過程に，評価情報を提供する程度にならざるを得ない。

　かつて掲げた政策目的を撤回・訂正することは可能であるし，また，行政運営の柔軟性という点からは望ましい面もある。政策目的の設定自体の失敗を追及される可能性はある。しかし，掲げた政策目的は必ず墨守すべきとは限らないので，政策論争と政策判断によっては，政策目的自体の変更はある。そのときには，有効性をもとにする評価は困難である。つまり，臨機応変で柔軟な政策変更は，有効性にかかわる事後評価と非難を行政が回避する工夫でもある。

（2）政策判断の妥当性

　政策目的や政策決定を固定すれば，それをもとに有効性の基準を作れる。しかし，政策目的や政策決定それ自体の妥当性は，有効性そのものからは生まれない。有効性の評価とは，あくまで政策目的を共有し，それを前提にして可能になる。例えば，政策決定をした当時の政権与党にとっては意味があるが，野党にとっては意味がない。政策決定自体に異論があるならば，当該政策目的を不問の前提にした有効性の評価自体にも意味がない。少数派にとって重要なのは，自らの掲げる政策目的に照らした評価である。しかし，それは多数派とは異なる。有効性の評価は，異なる政策指向性を有する異なる政策目的に即した異なる有効性の

評価の間における行政論議のなかに存在する。

　例えば，経済成長に価値があれば，GDP 成長率などを基準として，格差是正に価値があれば，相対的貧困率やジニ係数などを基準として，評価できる。しかし，その前提には，経済成長に価値がある，あるいは，格差是正に価値がある，という政策判断が存在する。政策指向性が異なれば，基準を数値化・精緻化しても意味がない。

　経済成長を重視する立場からすれば，経済成長が達成できない行政は妥当性を持たない。しかし，経済成長を重視しない立場からすれば，経済のゼロ成長は，必ずしも妥当性を失わせない。あるいは，完全雇用を重視する立場からすれば，失業率が高い行政運営は妥当性を欠く。しかし，非効率に過剰人員を抱えるよりは，企業のリストラによって失業が生まれるのは，むしろ望ましいという立場からは，解雇規制によって失業率が低いことの方が妥当性を持たない。

　有効性は，なにを評価基準にするかによって，全く異なった判定を受ける。評価基準は所与ではなく，特定の政策指向性に基づく政策判断に依存する。民主制では，統治者である民衆の政策指向性に従うべきだが，民衆のなかの政策指向性は多様である。民主制に基づく選挙や議論によって，ある政策決定がされるときには，民衆のなかの一部の政策指向性には親近するが，別の一部には親近しない。前者が多数派であり，後者が少数派であるならば，前者の政策指向性が評価基準に反映する。そのような基準に基づいて有効性のある行政が，必ずしも少数派にとって有効性があるとは限らない。有効性は政策指向性を帯びる。

　しかし，政策決定次第となると，有効性の評価は，権力を握った為政者の恣意になりかねない。それを防ぐためには，政策決定それ自体の妥当性を評価できる，より大きな枠組が必要になる。それは，必要性や公益性と呼ばれる。法律制定のときには立法事実と呼ばれる。

　必要性や公益性が政策判断の産物ならば，政策指向性や行政論議からは自由ではない。しかし，必要性（needs）は政策決定よりも前段階にある価値で，政策決定そのものとは区別される。それゆえに，実際の政策や政策執行に際して，必要性に即しているのか，という行政論議の枠組が可能になる。場合によっては，現実の行政が必要性に即しているのか，という評価が可能になる。

　もっとも，必要性が課題設定段階で決定されるものならば，課題設定自体の妥当性を問えない。それゆえに，必要性は，しばしば専門性に根拠を求めようとする。しかし，これも民主性・代表性のない専門家による，隠れた政争（政策論争）でしかない。それゆえに，政策判断自体を問い直す根本として，公益性（public interest）や全国民益性（national interest）などが提示されることもある。しかし，その内実は不明であり，民衆や少数派などすべての当事者は公益・全国民益を引証できるが，為政者や多数派も引証できる。そして，為政者の方が民衆より権力があるから，公益・全国民益はいつしか，為政者の利益，国益または官益になっていく。結局，公益・全国民益であっても，政策指向性によって複数が対立しながら，行政論議がなされる。

（3）有効性と専門性

　行政の有効性を判断する評価基準を作るには，ときには専門性が動員される。専門家が専門知識に基づいて，有効性を政策判断するために，評価基準を作る。あるいは，政策判断の前提となる現状把握のための尺度を作る。専門性を用いて作られる統計はその典型である。例えば，経済の現状を把握するために，GDPや物価指数などの尺度が開発される。それ自体では評価基準にはならず，単なる経済の現状把握の尺度である。しかし，それが重要であるという政策判断が基底にはある。その

尺度である統計に不正があれば，有効性の判断に使えない。

　例えば，経済成長が望ましいという政策判断があるならば，GDP 成長率は，有効性を判断する尺度に活用される。とはいえ，GDP 水準550兆円とか，GDP 成長率１％という数字だけでは，経済運営の有効性は一義的には決まらない。成長率１％の結果は，成長率２％以上という政策目標を建てれば妥当と評価されず，成長率はプラスならば良いという政策目標を建てれば妥当と評価される。有効性の評価基準となる数字が，２％なのか０％なのかは政策判断でしかない。

　少なくとも，1960年代の年率10％成長などの時代を基準にすれば，２％でも０％でも有効性はない。しかし，2010年代において，年率10％を基準にする発想はない。それは，民衆も為政者も，高度成長は有り得ないと判断し，期待もしていないからである。有効性は民主制のもとでは政策指向性を帯びるが，その判断基準の建て方自体にも何らかのメタレベルの有効性がなければ，行政論議も成り立たない。

　そのために，専門性がさらに動員される。例えば，年率10％の高度成長は，そもそも有り得ないと専門性によってお墨付きを与えることで，評価基準を低めに設定することをメタレベルで誘導する。そして，より現実的な潜在成長率があるはずで，潜在能力を十全に発揮できているのかどうかで判断する。あるいは，比較基準となるべきものとして，「先進諸外国」や世界経済平均を設定する。専門性に基づいて評価基準に繋がる検討を行うことは，専門家が専門用語や専門知識を使って，民主性も代表性もないにもかかわらず，行政論議をすることである。民主制に基づく行政論議も言語を使って行われるので，専門用語をもとに素人を圧倒できれば，専門家は権威性と情報の非対称性に基づいて権力を獲得できる。

3. 能率性

（1）相対比較と能率性

　能率性（efficiency）とは，費用（cost）対効果（benefit）の相対関係
である。行政活動の妥当性は，一面ではどのような効果を達成したのか
という有効性で判断される。他面で，そのような効果を得るために，い
かなる費用が掛かったのかによっても，判断される。同じ効果を得るな
らば，費用が小さい方がよい（経済性（economy））。同じ費用が掛かる
ならば，効果が大きい方がよい（生産性（productivity））。

　能率性も，相対的な評価であって，絶対的なものではない。ある行政
の能率性と，別の行政の能率性とを，相対比較することが基本である。
効果が同一であれば費用で比較し，費用が同一であれば効果で比較す
る。しばしば，効果も費用も異なる行政運営の能率性を比較するのは容
易ではない。勿論，単純に効果を費用で割り算すれば，比較は不可能で
はない。もっとも，割り算に意味があるのかは，明らかではない。その
ため，複数の行政間の相対評価ではなく，ある行政の能率性を，一定の
基準となる能率性を設定して，評価する方が簡便である。

（2）投入・産出・帰結

　費用対効果の相対関係としても，何を費用とし何を効果とするのかが
難しい。例えば，給付行政は，ある財源を遣い，職員を雇い，ある実働
となって，窓口相談や訪問相談をし，一定数の相談件数となって現れ，
給付要件に合致するかの判断を行い，人々を受給者と非受給者に区別
し，一定数の受給者に給付を行い，受給者の生活状態が変化し，家族や
地域社会さらには社会全体の状態にも影響を及ぼす。また，規制行政
は，ある財源を遣い，職員を雇い，ある実働となって，巡回や検問や立

入検査や調査などの取締活動をして，一定数の摘発件数となって現れ，人々を違反者と非違反者に区別し，一定数の違反者には制裁を加え，違反者の状態が変化するとともに，社会全体の状態にも影響を及ぼす。行政活動は多段階の様々な費用対効果の連鎖である。

　特に重要なのが，行政に何を使ったのかという入力・投入（input）と，行政が何をなしたのかという出力・産出（output）と，社会がどうなったのかという帰結・結果（outcome）の区別である。

　しばしば，行政の妥当性を主張するときに，「予算を措置した」「人員を増員した」と弁明することがある。予算や人員は行政活動における投入である。投入は，費用対効果の相対関係のなかで費用に位置づけられるのであれば，できるだけ小さい方がいいはずである。

　しかし，いささか理解に混乱を招くかもしれないが，予算や人員の投入それ自体が，政策決定活動が生み出した産出（費用対効果の相対関係のなかで効果に位置づけられる）であるともいえる。つまり，民衆の要望や，事業者の陳情や，政治家や行政職員の政策形成活動における実働を費用と考えれば，予算措置や人員配置は最初の産出である。圧力団体も政治家も行政職員も，できるだけ低い労力で予算措置が得られれば，能率的と評価されるかもしれない。しかし，通常は要望や調整の労力を掛けずに決定には至らないので，まずは予算措置という産出を獲得しなければならない。実際，政治家や行政職員は現にいるわけで，費用はほぼ一定であると考えて，できるだけ多くの予算措置や人員配置を獲得することを産出と捉える。こうして，予算措置・人員増員という（通常の意味での）投入をもって，産出に位置づけることもある。しかし，予算措置・人員増員が，具体的な行政の活動に繋がらなければ，通常は産出とはいえない。

　予算や人員の投入によって，行政は具体的な活動を展開する。例え

ば，予算を使うことで公共事業を展開し，道路を整備する。整備された道路が行政の産出である。この場合，能率性（費用対効果）とは，例えば，要望活動や予算措置を費用とし，効果を道路整備延長（産出）と位置づけることができる。

　行政活動それ自体では，社会や民衆に与えた影響は捉えられない。政策とは，社会の状態を目標に近づける行政の働きかけであれば，社会の状態という帰結こそ，妥当性を評価されるべきである。例えば，道路整備の帰結として，自動車輸送の利用量の拡大，輸送・交通時間の短縮，企業進出や取引の拡大などの経済活性化など，様々な帰結が有り得る。産出それ自体ではなく，道路整備の帰結こそが，能率性において重要であるという見方もある。役に立たない道路を整備しても，効果とはいえない。

　帰結による評価は，色々な見解や政策判断が可能である。評価者が様々な分析をしなければ，人々に対して説得的な帰結にはならないため，仮構される要素も強まり，批判や異論も多くなる。例えば，自動車輸送の利用量や時間短縮にいかなる価値があるのかは，政策判断によりけりである。利用量が増えすぎると時間短縮はできなくなる。社会への帰結を金銭換算すれば，他の道路整備や他の事業と能率性を比較できるが，金銭換算はそれだけ判断の要因が多く含まれ，一つの参考数値程度にしかならない。

（3）経済性

　能率性は費用対効果の相対性を評価するが，産出や帰結からなる効果については，政策判断によって多様な評価が可能である。産出・帰結の面で能率性を主張するのは，有効性の主張と同じく，反論の余地も大きい。それゆえ，比較的に異論の唱えられにくい投入の面で，能率性を評

価する手法も採られる。つまり，効果を同一と見なして，あるいは，効果の評価は行政論議に委ねて保留しておいて，投入の削減により能率性を主張する方法である。投入を減らす能率性を経済性という。

民間企業の場合には，投入削減が生産削減に直結すると経営悪化に繋がる。しかし，行政の場合には，産出が減少しても必ずしも経営状況を懸念する必要はないので，闇雲な費用削減も可能である。一般に，行政は費用削減よりは，活動膨張を目指すと思われているが，見えないかたちでの費用削減はむしろ容易である。

例えば，行政の産出・帰結の向上は判定困難であるから，能率性の主張のためには，行政職員を抑制・削減すればよい。国民1人当たりの行政職員の員数が国際的に少なければ，日本の行政は「効率的」で，行政資源を「最大動員」している，と行政論議において主張できる。理屈上は，産出・帰結の水準を同時に国際比較しなければ，この主張は困難である。しかし，産出・帰結の有効性が論争的であるから，行政職員の員数は能率性において大きな意味を持つ。行政管理・行政改革は，能率性のために「市民を雇わない」行政整理に傾斜する。

例えば，統計調査という産出目標は変わらないままに，人員と予算を削減できる。人員・予算が少なくなれば，丁寧な仕事はできなくなる。生産性の向上によって，人員・予算の減少が産出・帰結の悪化を招かないという名目で，行政整理は進められる。行政では，効果が明確に評価しにくいため，「手抜き」の業務運営はしやすい。

露骨に人員・予算を削減するとは限らない。むしろ，既存の人員・予算のままで，新たな事業遂行を追加する。例えば，学校教育で，教員人数を増やすことなく，児童虐待，「○○教育」，いじめ，多文化共生，LGBTQ対応など，配慮すべき業務が次々に追加されて多忙化する。既存事業に投入される人員・予算は，見えないところで削減されている。

そして，新たに加わった事業を含めて，全体としての産出・帰結という
効果は明確には評価しにくい。

（4）名目性

　費用全体は減少しない，あるいは，増えるにもかかわらず，目に見え
て算入する費用の範囲を制限することで，名目的に能率性の向上を図る
ことが，行政にはしばしば見られる。費用を外部化または転嫁して，能
率性を高めたように見せる。

　例えば，補助金は能率性の名目的向上である。補助率50％の補助事業
であれば，50の費用（補助金支出）で費用100に相当する事業1000がで
きる。行政の直営・直轄事業ならば，1000の事業実施には，100の費用
がかかる。つまり，名目的には能率性は２倍になる。能率性は補助率の
逆数である。民間事業者や個人に対する補助金は，民間事業者や個人の
持つ民間資金を動員・調達することでもある。民間資金を行政が吸収し
てしまい，経済全体にはマイナス影響を与えるかもしれないが，行政の
能率性は高まったように見える。

　自治体に対する国からの補助金であれば，自治体財源を国の政策目的
に動員して，名目的に国の行政の能率性が向上する。同様な物語が自治
体側にも存在する。自治体は国庫補助を受けることにより，自己資金
（あるいは補助裏負担）50だけで，事業1000を実施できる。仮に，単独
事業で1000をしようと思えば，費用100かかる。つまり，補助金によっ
て，自治体も名目的に能率性が向上する。

　補助金によって国の能率性は２倍になる。同じ補助金によって，自治
体の能率性も２倍になる。従って，国も自治体も，能率性が２倍になる
ので，直轄事業や単独事業よりも，補助事業に魅力を感じる。通常の行
政改革や業務改善によって，能率性が２倍に向上することは有り得ない

からである。もっとも，国・自治体を通じた行政全体では，能率性は全く変わらない。国・自治体を通じる費用は100であり，それに相当する補助事業1000を自治体が実施しているだけである。

公債は，費用負担を将来に先送りすることで，当面の能率性を高く見せる。将来においては，償還費用によって生み出される効果がないため，能率性は評価されない。むしろ，債務返済は，それ自体として適切な行政の証しになるので，返済自体が効果になっていく。

費用の一部を，利用者負担，使用料・手数料，料金，社会保険料などで賄うことも，一般財源の費用を抑えられるので，能率的に見える。例えば，戦後の高速道路は，有料道路方式による通行料や，財政投融資や公債などによって，資金調達したので，能率性を高めることで整備が迅速に進んだ。もっとも，通行料金，一般財源（税負担），財政投融資（要するに，郵便貯金や年金積立金），公債のいずれも，資金源は結局のところ国民負担である。

参考文献

稲継裕昭『日本の官僚人事システム』東洋経済新報社，1996年

今村都南雄『行政の理法』三嶺書房，1988年

サイモン，ハーバート・A.『新版　経営行動─経営組織における意思決定過程の研究』ダイヤモンド社，2009年

武智秀之『公共政策の文脈』中央大学出版部，2018年

西尾勝『行政学　新版』有斐閣，2001年

橋本信之『サイモン理論と日本の行政─行政組織と意思決定』関西学院大学出版会，2005年

平井文三「クリストファー・フッドの「非難回避ゲーム」概念について」『亜細亜

法学』50巻2号，316-268頁，2016年

フッド，クリストファー（Hood, Christopher）＆ジャクソン，マイケル（Jackson, Michael）*Administrative Argument*, Dartmouth Publishing, 1991

フッド，クリストファー（Hood, Christopher）, *The Blame Game : Spin, Bureaucracy and Self-Preservation in Government*, Princeton University Press, 2011

前田健太郎『市民を雇わない国家―日本が公務員の少ない国へと至った道』東京大学出版会，2014年

牧原出『行政改革と調整のシステム』東京大学出版会，2009年

益田直子『アメリカ行政活動検査院―統治機構における評価機能の誕生』木鐸社，2010年

村松岐夫『日本の行政』中公新書，1994年

森田朗『許認可行政と官僚制』岩波書店，1988年

山谷清志『政策評価』ミネルヴァ書房，2011年

ワルドー，ドワイト『行政国家』九州大学出版会，1986年

学習課題

1．日本の行政の能率性をどのように判断したらよいのだろうか。
2．専門家による政策評価の特徴を考えてみよう。
3．妥当性の追求が，非難の応酬にならないためには，どのような工夫があるだろうか。

11 | 行政の公平性

《ポイント》　行政において公平性への配慮は重要である。公平性には，形式的公平性と実質的公平性がある。また，同じものを同じように取扱う水平的公平性と，異なるものを異なるように取扱いつつ，そのうえでさらなる公平性を目指す垂直的公平性とがある。実質的公平性や垂直的公平性を目指せば行政は複雑化する。公平性を阻害する要因に金銭問題があるが，他にも，腐敗，受益と負担の関係や，経済階層と負担の垂直的公平性，世代間公平性など，色々難しい問題がある。

《キーワード》　形式，実質，複雑，腐敗，金銭，縁故，垂直的公平性，水平的公平性，受益者負担，世代間公平性，次世代

1. 公平性の諸相

（1）形式と実質

　行政は，誰が行うか，誰に行うかによらず，形式的に同一の取扱が期待されている。これが公平性の基本である。公平性を欠いた行政は正当性がない。行政は公平性の確保に敏感である。合法的支配の正当性は非人格的・客観的規則に支えられており，「誰」の要素を排除する。

　公平性を確保するために行政対象を同一・無差別に扱うと，杓子定規で融通が利かない形式性という悪しき行政の特性となって現れる。そこで，原則には例外が求められ，実情・実態に即した対応が求められ，行政に裁量の余地が求められる。とはいえ，例外取扱は，依怙贔屓の不公

平な取扱をもたらす可能性もある。形式的に画一的な取扱からの逸脱が，不公平な行政にならないためには，形式的公平性とは異なる実質的公平性が求められる。もっとも，実質的公平性とは何かは，政策判断を必要とし，極めて論争的である。

　形式的公平性とは行政対象を画一的に扱うことであるが，異なる行政対象を，異なる点を無視して取扱うことで，実質的不公平性に繋がることがある。実質的公平性は，異なる行政対象を異なるように，同じ行政対象を同じように，取扱うことを求める。

　しかし，異なる行政対象を異なるように取扱うことは，必ずしも実質的公平性を満たすとは限らない。むしろ，実質的不公平性を拡大する危険もある。多くの差別的取扱は，実質的不公平性をより悪化させる。例えば，学校教育において障碍児を健常児と区別したうえで，障碍児には就学猶予と称して学校に通学させず差別を助長する。

　積極的是正措置（affirmative action）は，行政対象を区別したうえで，実質的公平性を改善することを目指す。しかし，それが逆差別を助長したり，差別是正に役立たずにかえって差別を固定化することもある。実質的公平性を実現することは容易なことではない。

　容易ではないのは，形式的公平性も同様である。何をもって画一的と判断するのかは，行政の認定の問題であって，それ自体が極めて裁量的・権力的なことである。例えば，人事において，年齢に関して画一的に取扱うのか，人事評価結果や試験点数について画一的に扱うのか，など何を選択するかで全く取扱は変わってくる。

（2）裁量性と複雑性

　実質的公平性を満たすためには，行政は裁量性を持つべきという発想はある。とはいえ，裁量的取扱が，実質的公平性を満たす保証は全くな

い。何が実質的公平性であるかの基準または合意がなければ，裁量的取扱は常に，恣意的な権力行使であり，形式的公平性を害するだけではなく実質的公平性も実現できない，という批判を受ける可能性がある。

　裁量的取扱が，型式的公平性を害し，合法性・権威性を毀損する可能性があるため，行政は，現場でも幹部・頂点でも，規則から逸脱する例外措置を認めることを躊躇しがちである。行政は，危険を冒すよりは，個別取扱における実質的不公平性があるとしても，それに目を瞑って，形式的公平性に従った処置を続けることも多い。

　形式的公平性を満たしながら，実質的公平性を確保するのも，行政の特性である。多種多様な状況に対応できるように，多種多様な異なる状況を的確に区別して，それぞれの区分に応じた適切な対応を用意する。このために，規則は複雑化する。複雑性に対応できるのは複雑性のみである。例えば，所得税は実質的公平性を満たすために，様々な計算方法や控除の規則が構築され，極めて複雑化している。

　もっとも，複雑性を増せば，実質的公平性が確保されるとは限らない。第1に，複雑な規則を，行政職員も行政対象も，使いこなすことは容易ではない。例えば，規則上は，様々な特則によって，困難な状況にある人が福祉サービスを受けられ，実質的公平性が確保される。しかし，行政職員や行政対象が特則を知らないために，実際上は，当該福祉サービスを受けられない事態が起きる。

　第2に，複雑性を増した行政の取扱が，実質的公平性の確保には全く役に立たないこともある。このときには，行政職員や行政対象が，複雑な規則に習熟したとしても，実質的公平性は実現できない。

　例えば，福祉サービスの複雑な条件が適切である保証はない。一般的に生活の苦しい母子家庭と，両親のいる家庭を形式的に画一的に扱うのは実質的不公平として，母子家庭支援の福祉サービスを導入したとして

も，実質的公平性を巡る問題は消えない。男女差別的雇用慣行を前提に，父子家庭を福祉サービスの対象から除外することは，実質的に公平なのか不公平なのか議論になる。父母関係なくひとり親家庭で一括する方がよいかもしれないが，実質的に母親就業の方が一般に困難であることが，軽視されてしまう。両親がいても，子育てするには生活に苦しい家庭もある。子どもへの支援プログラムにおいて，親や家庭の状況で区別することが実質的公平性につながるかもわからない。複雑な条件を設定すればするほど，かえって実質的公平性から遠ざかるかもしれない。

　第3に，どれだけ規則を複雑化しても，現実の多様性はそれを凌駕するので，実情に即した規則を制定しきれない。形式的公平性と実質的公平性とを両立させる規則を制定する行政の能力には限界がある。そのなかで，実質的公平性を満たそうとすれば，様々な裁量的な例外措置の余地を残さざるを得ない。さらにいえば，複雑化した規則は，適用を巡って，裁量を働かせ得る余地は多くなる。

（3）公平性への留保要因

　現実には，行政対象が「誰」であるかによって，行政の取扱が異なるかのような現象に直面する。例えば，政権党や有力政治家の地元だから新幹線や高速道路が建設された，などの「疑惑」である。これが「疑惑」として成立するのは，行政の公平性に対する期待が前提として存在するからである。また，「疑惑」を受けた側が釈明するのも，公平性に価値があるとしているからである。仮に行政に公平性の前提がなく，政権党や有力政治家の関係者を優遇するのは「戦利品」として当然ならば，そもそも「疑惑」にすらならない。

　行政が，公平性を歪めるのには，様々な動機がある。一つには，形式的公平性に拘泥することが，かえって実質的公平性を歪めるときであ

190

る。あるいは逆に，実質的公平性を目指す複雑な規則が，行き過ぎた優遇措置になって，かえって実質的公平性を害するときには，画一的な形式的公平性に立ち戻ることもある。例えば，実質的公平性に配慮して各種の租税特別措置や控除が導入されるが，それが複雑化しすぎるとかえって実質的不公平感を増すことになり，租税特別措置を整理・解消して，一般的な税率引下げに変更したりする。

二つには，公平性以外にも，行政が目指すべき様々な価値があり，目先の公平性に囚われることなく，より大きな行政目的を優先する判断もあろう。例えば，全国的な高速道路網の整備が大きな政策目標ならば，計画的に優先順位を決めるべきかもしれないが，現実には決着できないときもある。そのときに，政権党や有力政治家の地元という理由で箇所付けする措置であったとしても，それを突破口に高速道路網の整備が進めば，妥当性はあるという考えもあろう。

（4）腐敗への動機～金銭・縁故～

正当な理由なく，行政が公平性を歪めるのは，腐敗である。勿論，正当な理由なるもの自体が，立場・見方によって変わり得る。上記のように，公平性自体には多様な見解の余地があるし，公平性だけが行政が目指すべき目的ではないからである。

公平性を阻害する典型的な動機は，金銭などの経済的な便宜供与である。例えば，事業者が行政職員に対して金銭を提供することによって，取扱を有利にしてもらうのが，贈収賄である。行政対象側から見れば，賄賂の提供の有無によって，許可・取締・給付などの有無が変わるのは，不公平である。「貧乏人／正直者がバカを見る」のは公平性を欠く。

第2の動機は，縁故である。行政は人間関係のなかで行われる。それゆえ，行政職員や政治家との縁故を背景に，公平性が歪められる縁故主

義（nepotism）がある。親族・姻族，民族，友人，同窓・学閥，同郷，信仰，趣味，ジェンダーなどの様々な縁故を頼って，人々は行政に働きかける。行政職員は，公平性に反しない範囲で配慮することも，公平性を逸脱してまで，例外取扱することもある。例えば，親戚や知人を職員に採用する縁故採用とか，親戚・知人（または自分自身）・地元の企業に発注するなどである。縁故に配慮する政治家の圧力を受けて，行政職員は公平性を歪めざるを得ない場面もある。行政職員自身の縁故を「人質」にされることもある。例えば，家族・子どもの就職や病気などは，行政職員の公平性にとっては「弱み」になる。

　行政職員がどこまで本気になって仕事をしてくれるかによって，取扱に差が出る。例えば，規則は複雑であるから，通り一遍の表面的対応で済ませるか，規則が複雑であるからこそ，親身になって一所懸命に方策を考えるかでは，結果は異なってくる。後者も，規則の逸脱ではないから，必ずしも問題ないともいえるが，仕事への力の入れ方自体が，縁故者と非縁故者では違う以上，形式的公平性はない。そして，行政職員の縁故者と非縁故者と区別して，縁故者を優先すべき実質的公平性もない。

（5）政治的腐敗

　第3の腐敗への動機は，政治的な便宜供与である。行政職員自身は投票との取引で公平性を歪める動機はない。しかし，行政職員は政権政治家の指揮監督を受ける。与党政治家は有権者の票を欲する。従って，行政は，与党政治家が「口利き」「箇所付け」を通じて便宜供与をしようとする行政対象に対して，党利党略的な取扱をすることがある。利益誘導政治であり，行政職員は政治的党派性を帯びる。「法案成立バーター」として，重要法案への支援をとりつけるために，別の法案や政策で妥協

することもある。与党内では「与党事前審査制」であり，野党を巻込むと「国対政治」である。

政治家は，支持団体からの支持を得るために，行政に介入する動機を持つ。政治家は政争に勝利すれば，獲得した政権のもとにある行政は「戦利品（spoils）」であって，支持者に論功行賞するのは，実質的に公平だと思うかもしれない。「戦利品」が役所への採用である場合には，猟官制（spoils system）と呼ばれる。19世紀アメリカの民主制では典型的に見られた。支持者への奉仕を動機づけるための身贔屓（patronage）もある。親分である政治家が子分の面倒をみる恩顧主義（clientelism）もある。与党政治家の支援が必要な以上，行政職員にもこうした政治的党派性に基づく介入に応える動機もある。

政治家を媒介しなくても，政治的腐敗はある。例えば，現場レベルでの様々な反対運動や抗議活動に直面したときに，反対や抗議を宥和するために，公平性を歪めることも有り得る。反対や抗議を止めてもらうために，例外取扱を行う。これは行政対象による不当要求のかたちを採り，ときに，暴力を伴ったりする。

もっとも，政治的便宜への対応は，一概に公平性を害するとはいえない面もある。政治家を通じた働きかけや，直接的な行政への反対・抗議は，人々が実質的公平性や妥当性その他の価値を実現するための，圧力・陳情・要望である。行政の決定が，実質的公平性を満たしていないときや，公平性を満たしていても，他の大事な価値を損なっている場合には，行政を変えさせることは必要である。それは腐敗でも汚職でもなく，行政への是正活動である。政治家や人々の声に応答することは責任性（応答性）の点からも望ましいことも多い。そのため，例外取扱や裁量を行使するときに，どのように公平性と両立する方策があるのかを工夫することが，行政の仕事なのである。

2.　公平性と金銭

（1）市場と公平性

　経済的便宜供与の有無・多寡によって行政が歪められるのは腐敗である。もっとも，行政の腐敗が，広く知られた当然の前提ならば，行政対象側は競争して金銭を提供する。従って，「正直者がバカを見る」ことにはならない（金銭を提供する余力の小さな「貧乏人はバカを見る」）。つまり，それぞれに有利な取扱を求めて，皆が等しく金銭の提供をすれば，その限りで公平性は保てる。許可・取締・給付の総枠がなければ，贈賄によって皆が，許可を得て，取締を逃れ，給付を受け得るので，公平である。また，総量が決まっていれば，より高価な贈賄をしたものから順番に対処すれば，公平性は保てる。これは，競売と同じである。

　市場では，代金支払の有無によって取扱を異にする。行政では，金銭供与の有無によって取扱を異にするのは，贈収賄である。行政の視点で考えれば，市場取引は，価格という規則に拘束された「贈収賄」から成り立っている。しかし，市場経済の視点では，このような取扱が不公平と考えられることはない。

　一物一価の市場では，代金を支払う人の間では取扱が同一でなければならない。財・サービスの総量に上限がある場合に，購入希望者がそれを上回れば，公平性を保てない。先着順や抽選など別の公平性を保つ方法が必要になる。あるいは，需給が一致するまで価格を改訂する。

　しかし，民間取引は自由である。誰とどの価格で売買しようと，同じ価格でも誰に売るかも，取引の自由である。経済主体は，必ずしも公平性を要求されるとは限らない。行政が随意契約を行うと不公平といわれやすいが，民間取引は原則として随意契約である。

（2）利用者負担・受益者負担

　行政においても，行政サービスに対価支払を求めることは，少なくない。対価支払する人としない人の間での取扱を変えている。例えば，手数料・使用料，利用者負担などである，自動車運転免許証の交付・更新などを得るために，警察＝公安委員会＝都道府県に，手数料を支払う。警察に対して金銭支払をしないと，免許証の交付・更新は得られない。贈収賄とは，金銭提供と行政取扱の単なるセットではなく，その取扱が規則化・公開化・公式化・公認化・合法化されていないことによる。

　規則や公認の有無によって，外形的な金銭と行政取扱の結合関係は，贈賄になる場合と，利用者負担になる場合とに，区別される。罪刑法定主義は，贈賄になる場合を規則化することであるから，逆にいえば，それ以外は贈賄には当たらない。どのような金銭支払が規則化・公認化されるべきかは，政策判断による。

　利用者負担が公平と考えられるのは，利用者が行政から利益を受けるときである（受益と負担の一致）。利用者負担がなければ，利用者と非利用者との間で，不公平が生じる。利用者負担がなければ，人々全員の負担で，一部の利用者に行政サービスを行うからである。

　もっとも，誰が利用者または受益者であるのかは，実は一見明白ではない。例えば，予防接種は，予防接種を受けて感染症にかからない人が受益者なのか（個人防衛），予防接種を受ける人がある程度いるお陰で，感染症が蔓延しない社会にいる不特定多数の人々（公衆）が受益者なのか（社会防衛），位置づけ次第である。後者の場合は，予防接種を受ける人は，副反応のリスクを負担して社会防衛に貢献するのであるから，受益者ではなく負担者・受苦者である。利用者負担・受益者負担に公平性があるとしても，現実の決定はかなり恣意的である。

　仮に受益者がいても，利用者負担を要求することが公平ではないとい

う見方もある。例えば，救急車の出動要請は，当面は救急車を利用した人が受益者ではある。しかし，利用者負担は，出動要請を思いとどまらせ，結果的に人命救助という，より重要な価値を損なうかもしれない。病気や怪我のリスクは誰にでも有り得ることで，長期的・大局的に見ればお互い様の公平性が確保されているかもしれない。実際に救急車を利用すること自体ではなく，必要なときに救急車の出動要請ができる安心な状態自体が受益ともいえる。とはいえ，救急車には限りがあるから，必要性の低い人の出動要請によって，より必要性の高い人が救急車を利用できなくなっては公平とはいえない。しかし，必要性に応じた実質的公平性ある救急車の出動の是非は，利用者負担では調整できない。

（3）金額変動と公平性

　市場では需要供給関係によって価格変動が起こり，効率的な資源配分がなされる。行政においても金額の変動によって，妥当性を増すことが期待されることがある。行政側は経済インセンティブを提供し，それに応じて行政対象の行動が変化し，行政の取扱が変化する。誰が何をするのかによって行政の取扱が変わるので，合法性や形式的公平性を満たすためには，金額変動メカニズムが規則化される必要がある。

　入札は，より低い価格を設定した事業者を優遇する仕組である。最高限度価格から，値引きという「賄賂」をどれだけ積み増すかを，事業者間に公平に競争させる方式である。行政は競争メカニズムを活用して，より経済的に発注ができる。しかし，支払金額も，どの事業者が受注者になるかも，入札者たちの集合的な恣意の結果である。

　そこで，「賄賂」を求めない行政は，行政が積算した最高限度価格に近似した支払金額で，事業者間で公平に受注者を決定することを期待する。いわゆる「官製談合」である。受注者を公平に決定するのは，高度

な合意形成の技術を要する。例えば，地元事業者への配慮，事業者間の適正なシェア，などである。すべての事業者が納得する，公平な落札者を「談合」で決定できなければ，「談合破り」が生じる。そのためには，「談合のドン」の政治力が試され，行政がそれを後方支援する。しかし，公平性を欠いた談合になる可能性もある。

　出来高支払や業績支払は，行政対象が行政にとって都合の良い行動をする程度に応じて，支払金額が変動する仕組である。民間の行政対象に対する補助金は，行政が考える望ましい民間活動に合わせて支給するものが多い。民間は，同一行動をすれば同一補助金を受給ができるから，公平性はある。しかし，特定の行動の有無によって行政の取扱は異なるので，その意味では公平性はない。なぜ特定の行動のみを行政は優遇するのかは，公平性とは別個の目的によって判断される。従って，常に公平性の観点から猜疑を持って吟味されざるを得ない。

　行政が，行政職員に対して変動価格を適用すると，業績に応じて給与が変化する業績給になる。あるいは，勤勉の程度に応じて手当を変える。そのため，人事評価をする。業績による支払の変化は，同一の職員が同一の行動をしないことを前提にしている。人によって左右されない建前の近代官僚制の特性は失われる。

　とはいえ，現実の職員の行動は異なる。異なる仕事ぶりをする職員間への同一支払は実質的不公平であり，相違に応じて異なる支払をするのが，実質的公平性に合致する。もっとも，適正に人事評価できないと，恣意的な支払の変動による大きな実質的不公平性になる。業績の公平な判断は極めて難しい。それゆえ，実質的不公平性があることは了解しつつも，形式的公平性に基づく同一処遇も，一つの智恵である。

（4）自己負担と実質的公平性

　自己負担は形式的公平性を満たしても，人々の支払能力などの経済状況などによって，実質的公平性を欠いていると考えられるかもしれない。必要性に応じて公平に決定されるべき行政に関しては，手数料・使用料などの自己負担が発生すること自体が，実質的不公平である。

　例えば，介護保険は，介護ニーズ（必要性）に従って認定がなされ，要介護の段階が区別される。認定調査員や介護保険認定会への金銭支払によって，要介護認定の区分は変わらない。その限りで，金銭支払の余地は公式には存在しない。しかし，要介護認定の段階ごとの支給限度額の範囲内で，実際に介護事業者からサービスを受けるには，一定割合の自己負担の支払が必要である。

　要介護度が高まれば，それに応じて自己負担が高まる。同額の自己負担でも，経済状態によっては，実質的負担が異なる。経済状態が悪い人は，介護度が高くなると，実質的に介護サービスを自己抑制しないとならない。行政は要介護者の支払能力によって，行政の取扱に差異を設ける。これが実質的公平性を害するならば，要介護者の経済状況に応じて，自己負担割合を変えなければならない。

　手数料・使用料などの利用者負担が発生する場合には，経済状態などと関連させた実質的公平性が問われる。どの程度の自己負担の金額体系を構築するのかは極めて難しい。例えば，介護保険における1割・2割・3割負担の所得基準が適切なのかは，簡単には結論は出ない。支払能力がある高所得高齢者からの自己負担は実質的公平に適うように思える。しかし，所得・資産格差が著しく大きい高齢者では，中間層の実質負担が重く，富裕層は負担感はないかもしれない。また，貧困層では1割負担でも，実質的に過大な負担かもしれない。

3. 経済的公平性の諸類型

（1） 垂直的公平性と水平的公平性〜経済階層〜

　個別の行政サービスごとに利用者負担を変えることは煩雑なうえに，全体として見て，経済状態に応じた実質的公平性を達成できるとは考えにくい。個別サービスごとに自己負担を変えて調整するよりは，全体としての経済階層において，実質的公平性を確保した方が望ましいかもしれない。同一の経済階層は同一に処遇するのが水平的公平性であり，異なる経済階層を異なる処遇をして，実質的公平性を確保するのが垂直的公平性である。もっとも，実質的公平性を具体的に判断することは非常に難しく，経済階層に関する垂直的公平性も，何を基準に垂直的公平性を考えるのかは，論争的である。

　全体としての垂直的公平性を担うことが期待されたのが，税制と所得保障である。累進税制によって，経済階層の高い方から税収を多く取り，所得保障（年金・手当・給付付き税額控除・公的扶助など）を経済階層の低い方に行えば，全体としての経済格差は縮小し，同一の自己負担での実質的負担の軽重の相違が縮小する。これによって，実質的公平性が高まることが期待される。もっとも，税制で垂直的公平性を満たすことは簡単ではない。それゆえ，垂直的公平性を税制に期待するのではなく，社会保障に委ねるべき，という広義の「盥回し」の行政論議もある。

（2） 世代間公平性

　世代間での経済的公平性が問題になることもある。子ども，成年，高齢者の三世代間で，なにがしかの扶養関係が強制されるとき，世代間公平性が問われる。誰が老親の面倒をみるのか，誰が子どもの面倒をみる

のかは，親族間の揉め事の重要な要因である。こうした親族間経済関係を行政化したものが社会保障である。

　現役世代の負担によって，従属世代（子ども世代と高齢世代）の生活サービスが賄われているとみるならば，世代間公平性が重要な課題となる。例えば，老齢年金が，現役世代の保険料や税負担で賄われる賦課方式であると，特に著しい。負担の世代間不公平という批判を招くときには，老齢年金も，高齢世代が現役世代のころに賄った資金によるのであって，世代間経済移転はない積立方式で正当化する。

　純然たる積立方式は，世代内で資金移転が完結するので，世代内公平性だけが問題になる。ある世代の年金は，長寿者に早世者の積立から支払われる。多くの人が長生きすると，積立方式は瓦解する。年金受給開始年齢は，世代内で生死が分かれる年齢に設定する。あるいは，世代内再分配をなくし，単に強制的な個人的貯蓄に分解していく。

　子ども世代への社会保障を，世代内公平性で構築すると，純然たる逆積立方式になる。つまり，子ども時代に子ども世代が借金をして，それを現役世代で回収する。借金＝投資という位置づけである。これを制度化したのが貸与型奨学金である。しかし，借金を背負って学生時代を過ごしても，将来の経済状態が好転しなければ，悲惨である。貸与型奨学金は世代内公平性すらなく，単なる子ども相手の高利貸しになる。

　仮に世代内公平性で構築するならば，貸与型奨学金を返済するのは，「成功」した人だけという通俗的な意味での「出世払い」とするしかない。さらにいえば，奨学金を利用するのは中下層だけであり，このままでは世代内公平性を満たせない。すべての階層の子どもに借金＝投資を負わせたうえで，「出世払い」にするしかない。

（3）現役世代と子ども世代／現世代と次世代

　世代間再分配を否定する投資の論理は，現役世代が子ども世代の社会保障負担を正論化する行政論議にも生じる。つまり，現役世代は子ども世代への負担ではなく，子ども世代に社会的投資をして，将来的な受益の回収を目指すという合利的教説である。子ども世代への投資の受益者は，子ども世代ではなく現役世代なので，受益者負担である。

　子ども世代からは，「生んでくれと頼んだ覚えはない」と言われよう。子ども世代の存在は現役世代の行為の責任であり，原因者責任を負うのが公平かもしれない。もっとも，原因者責任に立つと，現役世代全体ではなく，実親が負担すべきだとなる。子どものいない現役世代は負担しない。子どもは大きな負担になるので少子化が合利的である。

　投資の論理は，現世代によって合利的に使われる。現世代は，公共投資などを行うことで，自ら最大の受益者でありながら，次世代も利用すると称して，借金を次世代に残す。インフラは次世代も利用するので，次世代が負担をせずにインフラを利用するのは，不公平だとする。

　もっとも，次世代からすれば，利用価値の低いインフラと借金を押し付けられる。また，引き継がれたインフラは「負動産」として老朽化し，維持補修コストが次世代にのしかかる。さらにいえば，どのようなインフラ投資をすべきか，次世代は政策決定に関与できず，現世代が一方的に決定した結果だけを押し付けられる。

　現世代の決定が，次世代に一方的に及ぶことは避けられない。次世代にプラスもあればマイナスもある。例えば，深刻なのは環境問題である。前世代の大量の化石燃料の消費は，現世代の気候変動（温暖化）をもたらしつつあり，さらに，次世代にはもっと深刻な悪影響を及ぼすかもしれない。また，前世代の経済成長の実績は，経済的なストックとして，現世代によって享受される。しかし，現世代の経済失速は，次世代

に「氷河期」の負担となってのしかかる。

参考文献

伊藤大一『現代日本官僚制の分析』東京大学出版会，1980年

小塩隆士『効率と公平を問う』日本評論社，2012年

金井利之『財政調整の一般理論』東京大学出版会，1999年

北岡伸一・田中愛治（編）『年金改革の政治経済学—世代間格差を超えて』東洋経
　済新報社，2005年

サンデル，マイケル『それをお金で買いますか』早川書房，2014年

柴田悠『子育て支援が日本を救う』勁草書房，2016年

田中啓一『受益者負担論—都市財政と開発負担の研究』東洋経済新報社，1979年

武藤博己『入札改革—談合社会を変える』岩波新書，2003年

八代尚宏『シルバー民主主義—高齢者優遇をどう克服するか』中公新書，2016年

学習課題

1．行政が実質的公平性を追求するときに直面する困難な何だろうか。

2．受益者負担や自己負担は，どのようなときに公平で，どのようなとき
　に不公平になるだろうか。

3．行政は現世代にしか存在しないにも関わらず，次世代と現世代の公平
　性に対処することはできるのだろうか。

12 | 行政の民主性

《ポイント》 統治者と被治者の同一性という民主制のもとでは，民衆を本人として，政治家を通じて行政職員を統制する本人―代理人関係が求められる。しかし，民主的統制の貫徹のためには，有能な行政職員を資格任用制で確保する必要もある。また，行政過程への民衆の直接参加も重要になる。
《キーワード》 民主制，民主的統制，本人―代理人関係，政官関係，政治任用，自由任用，猟官制，縁故採用，情実任用，資格任用制，政治行政分断論，政治行政融合論，公務員制，行政過程への直接参加

1. 統治者と被治者の同一性

（1）本人―代理人関係

　民主制による支配の正当性は，統治者と被治者の同一性にある。集団としての被治者が同時に統治者であるならば，被治者の同意性ある行政となる。自分たちによって自分たちへの行政を決定していることになるからである。勿論，自己統治は適切な行政を保証するわけではない。しかし，民主制は，妥当性の有無にかかわらず，自分たちの決定したことが自分たちに及ぶ民主性に基づく正当性である。

　民主性で行政を正当化することは，困難である。行政職員は，すべての被治者から構成されているのではないからである。しかし行政職員が，本人としての統治者＝被治者の指揮監督に服する公僕ならば，行政職員と統治者＝被治者が同一でなくてもよい。この思考枠組が，本人

（principal）―代理人（agent）関係である。

　民衆の規模が大きくなるに連れて，民衆が直接に行政職員を指揮監督をすることが困難になる。そのために，指揮監督する役割としての公選職政治家を通じて，行政職員を間接的に民衆が指揮監督をする仕組が必要になる。本人―代理人関係は民主的統制の連鎖を生み出す。統治者＝被治者である民衆が，選挙などを通じて，為政者としての政治家を民主的に統制する。公選職政治家は，政権＝執政府を構成し，行政職員を指揮監督する。これが政官関係である。民主的統制の連鎖がある限りで，民衆は行政職員を公僕として支配して，民主性を確保する。

　為政者としての政治家と，被治者としての民衆が分離することは，統治者と被治者の同一性の観点からは，問題が生じ得る。それゆえ，民衆が統治者＝被治者であるためには，民衆が政治家を指揮監督する必要がある。そこで，究極の統治者としての民衆による投票，世論，要求・圧力などが，本人―代理人関係を成立させているかどうか，重要な論点となる。この論点は，主として政治学の領分となる。行政学では，民衆が政治家を民主的に統制をしていることを前提に，政治家と行政職員の関係，行政職員の上司と部下の関係，行政職員と被治者としての民衆の関係を主として採り上げることが普通である（図12-1左）。

（2）政治任用制

　本人―代理人関係で政治家と行政職員を位置づける場合，行政職員自体には民主性を要求する必要はない。政治家が本人として，代理人である行政職員を指揮監督すれば，為政者集団の全体としての民主性が確保できる。つまり，民主制のなかの非民主的な主体としての行政職員が，正当化できる。政治家と行政職員は，別の論理で選出できる。政治家は選挙しなければならないが，行政職員を選挙する必要はない。

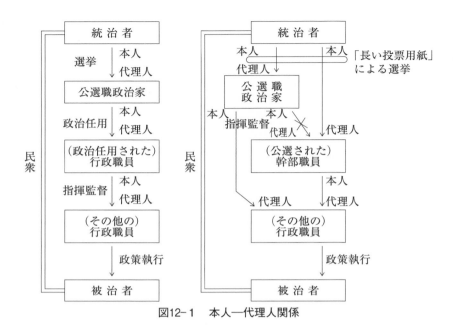

図12-1　本人―代理人関係

　政治家が行政職員を指揮監督するには，政治家の意を体現できる人物が行政職員でなければならない。しかし，政治家が行政職員を採用するときに，政治家に意中の人物がいても，任用資格要件を満たしていなければ，採用できない。そのため，政治家としては意に添わない人間を採用せざるを得ない。あるいは，試験に合格した人物のなかから意中の人物を採用するしかない。これに対して，政治家が自由に行政職員を任免する政治任用制が，本人―代理人関係としては適切であるという考え方もある。

　政治家が自由任意に行政職員を任免できる場合，政治家の恣意が働く恐れがある。そこでは合法性・公平性はない。しかし，政治家が合法性や公平性に縛られすぎれば，主人としての民衆の意向を受けて，行政職

員を政治家は指揮監督できなくなり，民主性が損なわれてしまう。

　かといって，政治家が民衆の意向からも離れて完全に恣意的に行政職員を任免できれば，民衆の意向が行政職員には及ばず，本人―代理人関係が切断される。本人―代理人関係の連鎖からは，政治家が行政職員を全く任意に任免できる自由任用制は認められない。選挙などで示された民衆からの民主的統制を受けて，政治家は行政職員を選定する。その意味で，政治任用（political appointee）制が原則となろう。

　政治任用制は，政治家の自由裁量ではない。あくまで，民衆が本人として提示した範囲内での行政職員の任免である。従って，選挙で示された政治的党派性または政策指向性に添って任免せざるを得ない。それならば，多くの公職をも，選挙するのが自然のように思われる。しかし，それぞれが独立の選挙で選ばれた公職は，相互に対等であって，指揮監督関係に立つことは有り得ない。階統制の上司・部下をそれぞれ別個に選挙すると，本人―代理人関係の連鎖を混乱させる（**図12-1右**）。本人が複数のときに，代理人は誰に従うべきかわからない。

　従って，多くの公職を選挙するならば，本人である政治家と代理人である幹部職員をセットで選挙するしかない。政治家は，当選の暁には部下である幹部職員を誰にするか明示し，選挙に臨む。例えていうならば，選挙の「マニフェスト」に，政策ではなく，人事案を提示する。アメリカ連邦大統領選挙では，大統領候補は副大統領候補を指名し，ペアで選挙に臨む。大統領が当選の暁に，民衆の意向とは無関係に副大統領を指名できない。副大統領が大統領と別個に選挙されるのでは，副大統領は大統領に従わない。

　しかし，政治家・幹部職員のセット投票を，幅広く行うことは現実的には無理である。そこで，政治家が，選挙で示された民意に沿って，選挙戦での勝者陣営の政治的党派性または政策指向性を前提にして，行政

職員を政治任用する。政治家が，自らの政治的党派性・政策指向性に沿って，忠誠心のある信頼できる人物を政治任用する。選挙制と政治任用制の組み合わせによって，民衆から政治家を通じて行政職員に繋がる本人—代理人関係の連鎖を形成する。

（3）猟官制・情実任用制

　政治家が政治的忠誠心に基づいて政治任用すれば，党派支持者・後援会や親戚・友人・知人などの縁故による任用になる。この状況が猟官制や情実任用制である。猟官制や情実任用制は，公平性の観点からは腐敗でも有り得るが，民主性の観点からいえば望ましいともいえる。

　ただし，猟官制・情実任用制では，行政職員としての仕事が進まないこともある。猟官制・情実任用制は，行政職員が能力・資格によって選任されていない。能力のない行政職員では，従う意志があっても，従う能力がなく，政治家の望む政策が実現できない。結果的には，本人—代理人関係の連鎖は，無能な猟官制・情実任用制の行政職員のところで消滅してしまい，民主性が失われる（**図12-2**）。

　また，猟官制・情実任用制は，公平性を担保しないので，党派支持者でない者や縁故のない者からは，常に，依怙贔屓・腐敗との批判と不満を招き得る。党派支持者

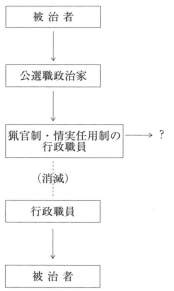

図12-2　猟官制・情実任用制の場合

や親戚・友人・知人などのコネを持つ母集団は多く，そのなかから誰を選定するかは極めて難しく，人事の決定に妥当性も権威性も正当性も得にくい。このため，党派支持者や縁故を持つ者は採用を求めて猟官運動をするが，それが満たされないときには不満が発生する。不満を抑える数少ない可能性は，「内戦の勝利者」としてのカリスマによる個人的帰依である。しかし，カリスマは通常の政治家に遍く存在するものではない。それゆえ，猟官制・情実任用制は，公選職政治家にとっても危険である。

2. 官僚制の民主性

（1）資格任用制と民主性

　猟官制・情実任用制の行政職員では，本人—代理人関係の連鎖が途切れるので，民主性を貫徹し得ない。そこで，政治家の政治的意向を実現できる有能な行政職員が必要になる。この観点から登場したのが，公務員試験や専門職資格などの能力実証・成績主義に基づいて，行政職員を任用する資格任用制（merit system：成績主義・能力実証主義）である。資格任用制は，行政職員の行政能力の高さが保護されることによって，政治家の意向を実現することで，行政の民主性を確保し得る。

　また，誰が誰を任用するかという，固有名詞に伴う縁故の要素は排除され，行政職員の職務を担う能力の観点から，能力がある者は誰でも任用するので，公平性も持っている。勿論，資格任用制は，能力実証の有無で人間を区別するものであり，平等性を欠いている。猟官制・情実任用制の弊害を避けつつ，能力による差別性を否定するには，例えば，抽選制・輪番制・悉皆制などになる。しかし，抽選・輪番・悉皆では，能力のない者も行政職員にしなければならず，猟官制・情実任用制と同様

に本人—代理人関係の連鎖が途切れてしまいかねない。

　資格任用制が民主性を損なわないためには，代理人である行政職員が本人である政治家の意向を忠実に反映することである。このためには，行政職員には固有の政策指向性や党派性があってはならない。

（2）官僚制と民主制

　多くの近代国家では，民主制が確立する前に官僚制が確立している。実際の行政実務の観点から，絶対王制・専制君主制においては家産官僚制が整備されてきた。また，近代国家の成立には支配の正当性が重要であり，伝統やカリスマに長期には依拠できないときには，官僚制は支配のために不可欠である。つまり，＜民主制なき官僚制＞が「普通」の現象である。近代国家化では，文官制としての官僚制と，武官制としての常備軍の整備が，しばしば先行して見られる。こう考えると，官僚制なるものは，専制君主制にとって不可欠な要素であって，それ自体が非民主制の中核とも思われよう。それゆえに，官僚制は民主制への敵対物であり，官僚制化は非民主化に繋がるとも思われよう。

　つまり，＜民主制なき官僚制＞か，＜官僚制なき民主制＞か，どちらかの組み合わせしかないようにも思われる。実際，19世紀の官僚国家であったプロイセン＝ドイツやフランスは民主制が安定しなかった。あるいは，民主制が安定しなかったがゆえに，官僚制が強化された。また，明治日本も「生まれながらの行政国家」といわれるように，民主制（政党内閣など）よりも官僚制が先に成立した。

　とはいえ，民主制は官僚制と相容れないのかといえば，むしろ逆である。民主制のもとで大量の被治者が同時に統治者になって，本人—代理人関係を貫徹するには，政治家の意向を実現する有能な行政職員の組織・集団が不可欠である。それゆえに，民主制は官僚制を不可避的に随

伴する。＜官僚制を必要とする民主制＞である。

　＜民主制なき官僚制＞も普通の現象であるならば，官僚制に内在し得る非民主性を解毒できなければならない。実際，官僚制は規則に基づく合法性・権威性が基礎にあるので，被治者＝統治者が本人として任意に決める民主制とは，相容れない面があるようにも思われる。

（3）政治行政分断論

　＜官僚制なき民主制＞は，猟官制・情実任用制になって，腐敗や非能率・不公平などの弊害を伴いがちである。こうした政治的党派性の過剰を解毒する教説が，政治行政分断論というアメリカ行政学の正統派教義である。資格任用されるべき行政職員は，政治任用を指向する政治家からは分断されて，能率的に管理される。それによって行政職員は官僚制を形成する。しかし，官僚制は為政者である政治家を離れて固有の意思を持たない。それゆえに，官僚制は民主制とも結合できる。官僚制の非民主的な要素も解毒されているのである。

　官僚制は，絶対王制・専制君主制・立憲君主制あるいは独裁制・全体主義体制・権威主義体制とだけ結合するわけではない。専制君主・独裁者・公選職政治家など，いかなる本人とも結合し得る。こうして，非民主制で発達した官僚制は，民主制でも導入可能であると考える。ウッドロー・ウィルソンは，「凶悪な男からも，人殺しをする意図を借りることなく，ナイフの研ぎ方を学べる」と論じた。民主制と共存する官僚制を，公務員制（civil service）と呼ぶ。＜官僚制なき民主制＞から，＜官僚制ある民主制＞が模索される物語（教説）は，民主化が早期に生じたアメリカやイギリスの例外的な事象である。

（4）政治行政融合論

　行政の実態において，行政職員が政策判断をせず，唯々諾々と仕事をしているとはいえない。多くの場合，選挙にも政治任用にも拠らない，資格任用制の行政職員であっても，政策過程には深く関与する。実際，アメリカでも，資格任用される官僚や行政職員が政治や政策と無縁ではない。こうした状態を指向する教説が，政治行政融合論である。

　そもそも，明治国家以来，官僚が統治の中核にあり続けた日本においては，維新元勲のもとで官僚制が統治を担ってきた。官僚制が政治と分断された単なる道具であるという見方は，ほとんどない。近代日本の経緯からすれば，当初の統治者＝為政者は官僚制しかなく，統治者と被治者の同一性は存在しなかった。

　徐々に進む民主化の過程で，公選職政治家が次第に立法部や執政・政権に参入して，維新元勲と官僚制が独占してきた統治を公選職政治家も分有する。その限りで，被治者である民衆からの本人―代理人関係の連鎖が，徐々に形成された。とはいえ，官僚制も政策を担っていることは沿革的に当然のことであった。その意味で，政治家と行政職員は政策過程にともにかかわっている。政治行政融合論は実態である。

3. 行政過程の民主性

（1）行政職員の政治性

　第1に，行政職員は政治家の政策決定を支援している。最終的には政治家の了承が必要だとしても，課題を提起し，政策の原案を作成し，様々な情報・資料を整備し，複数の政策案の比較検討をし，決定するには，行政職員の政策助言（policy advice）が不可欠である。行政が複雑化してくると，政治家は政治家だけで政策決定できなくなり，有能な行

政職員の補佐が必要になる。この意味で行政職員は政治性を持つ。

　執政の最高幹部である政治家の決定を補佐する行政職員は，通常の階統制組織で分業をしている部下たち（ライン（直系：line）組織）である。しかし，階統制では単独1人の上司が多数の部下の補佐を受けて指示を出す必要があるため，部下たちに絡め取られてしまうかもしれない。それを防ぐために，対抗的なアイデアを出して最高幹部の管理（トップマネジメント）を助ける組織が必要となる。こうした組織はスタッフ（幕僚・参謀：staff）組織と呼ばれてきた。

　最高幹部には，行政管理（administrative management）のスタッフが必要とされて来た。ルーサー・ギューリックは POSDCoRB と標語化した。企画（planning），組織（organizing），人事（staffing），指示（directing），調整（coordination），報告（reporting），予算（budgeting）の頭文字である。日本では，総務系・官房系と呼ばれる機能である。

　第2に，決定された政策は実現に移されなければならない。政策執行は膨大な業務を必要とするので，有能な行政職員の集団・組織を必要とする。政策執行は政策判断を要しないと考えるのが，政治行政分断論の教説である。また，上記の行政管理論では，スタッフ組織は最高幹部の行政管理という極めて政治的な政策判断に踏み込む役割を担うとしても，ライン組織は，スタッフ組織の支援を得て最高幹部が決定した政策を粛々と執行するだけ，と描くこともできよう。

　しかし，現実には政治家がかかわる政策決定は，詳細にまで及ぶものではない。政治家の判断を仰がないような細々とした様々な案件は，執行段階で行政職員によって判断される。それが，行政の幹部レベルの制定する規則によるのか，現場レベルの行政職員の裁量に任されるのか，色々である。「神は細部に宿る」のであって，実質的な政策決定の所在は，行政対象と行政職員が対面する政策執行の最末端現場であるかもし

212

れない。その意味でも，行政職員は政治性を帯びる。

　民衆から政治家を通じて行政職員を民主的に統制することで，本人―代理人関係の連鎖が成立し，行政の民主性が担保されるのが建前である。しかし，政治行政融合論が指摘するように，行政職員は政策判断という政治的な役割を演じており，政治家と行政職員の間に本人―代理人関係が成り立つとは限らない。このことは，行政の民主性が本人―代理人関係の連鎖のみでは担保できないことを意味する。

（2）行政過程への直接参加

　本人―代理人関係の連鎖が十全には成立していないと，行政活動は民主性を備えていないことになる。そのため，実際の行政職員の活動は，本人―代理人関係の連鎖からは逸脱した，行政職員独自の判断と行動である可能性もある。それゆえに，行政に直面する民衆が，唯々諾々と行政の措置に従うことが民主的であるとはいえない。

　そこで，行政職員に被治者である民衆が直接的に働きかける，行政過程への直接参加を生じる。直接参加には2つの側面が有り得る。

　第1は，自由主義的側面である。民主性を帯びた政策決定が，実態においては「多数派の専制」になり得ることを前提に，少数派の利益や立場を守るために行われる直接参加がある。例えば，ゴミ処理施設は，多数派の利益を背景に，少数の人しか住まない周辺部に立地を決定しがちである。立地決定の段階でも周辺部＝少数派は抵抗するが，民主的決定は「多数派の専制」で進む。そこで，建設実施の段階に移っても，周辺部＝少数派は抵抗することもあろう。周辺部＝少数派の意向を反映させるために行政過程への直接参加が行われることがある。

　自由主義的側面での直接参加は，政策決定が民主性を帯びていても必要になる。政策決定において，多数派意思としての民主性だけではな

く，自由主義的価値を踏まえて，合意形成や少数派配慮を含むより高次の民主性が求められている。政策決定において，少数派への配慮も行き届けば，行政過程での直接参加は不要である。

　第2は，民主主義的側面である。本人―代理人関係の迂遠な連鎖では，民主性は充分には担保されない。しばしば，この連鎖は切断・機能不全している。それゆえ，政策執行の現場において，改めて民主性を注入することは重要である。とはいえ，直接参加する行政対象や民衆が，いかなる意味で，民主性を補充できるのかは，難しい問題である。

　実際に直接参加する人々は，必ずしも被治者の多数ではない。「サイレント・マジョリティ」に対して，「ノイジー・マイノリティ」かもしれない。強い利害関係を持つ既得権者または利権推進者かもしれない。地域エゴ・業界エゴかもしれない。それゆえに，行政過程への直接参加では，自分たちの自己権益を主張するだけでは，民主性を主張できない。例えば，ゴミ処理施設が自分の近所にできるから反対というだけでは，いわゆる「NIMBY（Not in My Back yard：うちの裏庭だけは止めてくれ）」として，地域エゴとなってしまい，民主性を補充し得ない。そこで，広く一般の理解を得るように主張する。直接参加者は少数であっても，多数派にも働きかけることが必要なのである。

　もっとも，通常の政治過程において，関係当事者が自己権益を主張することは普通であるから，直接参加においても利己的主張は民主性を害さない。「ノイジー・マイノリティ」のごり押しが許容できないならば，多数派からも対抗的な直接参加があって然るべきである。多数派からは直接参加がないのであれば，「サイレント・マジョリティ」の利害関心は，その程度の軽微なものなのかもしれない。

　極めて重い負担・受苦が集中する一部の利害関係者と，必ずしも影響を大きくは受けない多数者とを，同じ重みを持つように扱うのが公平性

ある民主性かについては，疑問も有り得よう。どのような直接参加が決定の民主性を向上させるのかは難しい問題である。

（3）民主性と専制性

　本人―代理人関係の連鎖が成立している場合には，行政は実効的に行政対象に作用を及ぼすことが，民主性に繋がる。本人としての民衆の意思から始まる連鎖は，行政職員の行政活動が民衆に回帰することで，循環する自己統治となる。民主性のためには，できるだけ行政は確実に政策執行することが望ましい。民主的に決定された政策が，執行段階で失敗すれば，民主的ではない。政策執行は完全である方が民主的である。

　しかし，もともとの政策決定が民主的でないときには，完全な政策執行は，専制性を帯びる。このときには，政策執行が完全ではない方が，民主性を回復する余地がある。勿論，非民主的な政策を歪曲して執行しても，依然として非民主的であることも有り得る。ともあれ，非民主的な政策は執行しない方が，民主的であるかもしれない（表12-1）。

　政策決定が民主的／非民主的かは，政策執行する行政職員にとっても，行政対象である民衆にとっても，よくわからない。統治者＝民衆の意思に従った政策決定かどうかは，それ自体が論争的である。政権から見れば，民衆の付託を受けた以上，政策決定は民主的なはずであるが，野党は政府与党が進める政策が，必ずしも民衆の意向に添ってはいないと追及する。しかし，政治過程ではどちらの主張が妥当なのかはわからない。結果的に，ある政策が決定されるだけである。それが民意に即しているかどうかは，民衆の世論，要求・意見・陳情・圧力，行政過程への直接参加，投票などによって，恒常的に再検討に晒され得る。

　行政の決定は，本人―代理人関係の連鎖の擬制によって，必ずしも民主性が保証されてはいない。現実に行政職員が担う行政は被治者の同意

表12-1　政策執行と政策決定

		政策決定 (政治家と行政職員との関係)	
		民主的	非民主的
政策執行 (行政職員と被治者＝民衆との関係)	する	民主性	専制性
	しない	非民主性	ときに民主性の回復

を得られているかはわからない。行政は常に専制性を帯びる可能性がある。官僚制は専制君主制にも民主制にも奉仕し得るように，行政職員は建前では民主制のもとにあっても，実態においては専制権力の行使者として，行政対象＝被治者＝民衆の前に現れることがある。

　しかし，民主制における行政は，民衆に直面する執行段階において，専制的に振る舞うことは期待されていない。理屈上は，民主的に決定した政策であれば，目前の一部の行政対象が抵抗しても，抵抗運動は実力を使ってでも排除するのが民主性を実現することに繋がる，ともいえる。しかし，政策決定は常に民主性において瑕疵が有り得る以上，単に，民主的に決定した以上，粛々と強行するのが民主的であるとは，必ずしもいえない。政策執行の場面でも，できるだけ多数の民衆をねばり強く説得し，合意形成を進めることが，政策の民主性を補充する。

参考文献

出雲明子『公務員制度改革と政治主導：戦後日本の政治任用制』東海大学出版部，2014年

川手摂『戦後日本の公務員制度史—「キャリア」システムの成立と展開』岩波書店，2005年

金今善『自治体行政における紛争管理─迷惑施設立地問題とどう向き合うか─』ユニオンプレス，2016年

シルバーマン，ベルナード・S.『比較官僚制成立史─フランス，日本，アメリカ，イギリスにおける政治と官僚制』三嶺書店，2003年

新藤宗幸『政治主導─官僚制を問いなおす』ちくま新書，2012年

曽我謙悟『ゲームとしての官僚制』東京大学出版会，2005年

曽我謙悟『行政学』有斐閣，2013年

曽我謙悟『現代日本の官僚制』東京大学出版会，2016年

西尾隆『公務員制』東京大学出版会，2018年

西尾勝『権力と参加』東京大学出版会，1977年

牧原出『内閣政治と「大蔵省支配」─政治主導の条件』中公叢書，2003年

牧原出『崩れる政治を立て直す　21世紀の日本行政改革論』講談社現代新書，2018年

村松岐夫『戦後日本の官僚制』東洋経済新報社，1981年

村松岐夫『政官スクラム型リーダーシップの崩壊』東洋経済新報社，2010年

山口二郎『大蔵官僚支配の終焉』岩波書店，1987年

山口二郎『内閣制度』東京大学出版会，2007年

ルイス，デイヴィッド・E.『大統領任命の政治学─政治任用の実態と行政への影響』ミネルヴァ書房，2009年

学習課題

1．政治任用が情実や縁故になる恐れは，どのように防げるだろうか。

2．資格任用制の行政職員が，政策過程に関わることの正当性は，どこにあるのだろうか。

3．政治家を通じた民主的統制と，行政過程への直接参加とが矛盾するとき，どのようなことが起きるのだろうか。

13 | 行政の代表性

《ポイント》 統治者と被治者の同一性という意味での民主制の場合には，為政者である行政職員と民衆との同質性が求められるかもしれない。代表制は，代表に被治者との異質性・選抜性と同質性をともに求める。行政職員という為政者が，民族・文化，性別・ジェンダー，地域，階層などの観点から代表性を帯びているか，いないのかは重要な課題である。

《キーワード》 選挙制，代表制，同質性，異質性，選抜性，人民投票，能力主義，パターナリズム，権力性，特権性，国籍，民族，文化，地域，階層，性別・ジェンダー

---

1. 代表の同質性・選抜性

（1）行政職員の代表性

　公選職政治家は行政職員を指揮監督する。行政職員は政策決定に深くかかわっており，為政者の一員である。実態としては，民衆が代表である公選職政治家と一体の本人となって，代理人である行政職員を指揮監督するというよりは，政治家と行政職員で一体となった為政者が，民衆に対して支配を行う。それゆえに，為政者の一員である行政職員にも，代表性が期待される面がある。

　例えば，日本国憲法第15条においては「公務員を選定し，及びこれを罷免することは，国民固有の権利」とし，「公務員は全体の奉仕者」としている。この「公務員」は，選挙で選出される公選職政治家と，「官

吏」（73条3号）でもある行政職員と，一括した概念である。

　為政者である行政職員が著しく民衆と異なる場合，民衆が自己統治をしているという擬制を維持することが難しくなる。行政職員や行政組織は公選職政治家の指揮監督に服するので，行政職員が民衆とは異質であっても，民衆の公選職政治家を通じる民主的統制が成立していると見なすこともできる。この場合には，行政職員自体に代表性は必要ない。しかし，行政職員も為政者の一員として政策判断をしている場合，行政職員に代表性が必要ないとはいえない。

（2）同質性としての代表性

　代表は，代表される集団と，同質性を持つことが期待される。代表の決定が，代表される集団の決定であると見なすのは，仮に代表される集団が実際に決定をするならば，代表の決定と同じことをすると想定することかもしれない。もっとも，この想定は，行政においては，実証的な根拠を示せない。民衆が，実際にいかなる意思決定をするのかは，わからない。民衆が実際に意思決定できれば，そもそも，代表を選出する必要がない。

　そこで，代表と民衆の同質性とは，代表と代表される集団の意思や決定が同一性を持つことではなく，いくつかの重要な視点で同質性・類似性があることである。いかなる観点で同質性を論ずるべきかは，しばしば，行政の決定によって自己言及的に規定される。

（3）選抜性としての代表性

　代表は，代表される集団と同質（凡庸・平均）ではないことも期待される。日常用語でも，例えば，オリンピック日本代表といえば，日本人の平均的運動能力を意味していない。代表と代表される集団とは異質で

ある。しかも単なる異質性ではなく，競技能力という特定の基準から，「高い」ものが選抜される。

　代表が，良い意味での選抜をされた者ならば，それはエリート（選良）である。選抜代表の決定や行動が，代表される集団に帰着するのは，民主性の観点からは不可解でもある。なぜならば，代表（＝為政者）と代表される集団（＝民衆・被治者）とは同質ではない。

　代表である行政職員の選抜基準は，資格任用制のもとでは，有能性・専門性である。合法性の観点からは，規則への従順性・順応性・服従性かもしれない。しかし，代表の選抜基準は自明ではなく，何らかの政策判断を要する。選抜性というだけであれば，他の基準でも可能でもある。例えば，ジェンダー，家系，血統，民族，地縁，門地・貴族，品性，人格，文化・教養，容姿，年齢，資産・経済力など，色々有り得る。

　能力主義的な基準による選抜（試験制・資格任用制）により，代表は優れた能力を持つ者とすれば，平凡な民衆が決定するよりは，妥当性の高い行政を実現できるかもしれない。しかし，「ベスト＆ブライテスト」が愚かな決定をするかもしれない。ともあれ，為政者と被治者の能力の同質性はない。代表性とは，異質な能力の側面以外の何らかの同質性に依拠して，被治者が受認することである。

　代表性が選抜性を帯びている場合，為政者と被治者の異質性を際立たせる。もともと，代表は，被治者から命令委任を受け，被治者の代理人として振る舞う者ではなく，被治者から自律的に決定・行動する者としてイメージされてきた。代表制と民主制とは必ずしも相性は良くない。選挙制は選抜の仕組の一つであって，必ずしも民主性を保証しない。そのうえ，選挙はいかなる基準で代表を選抜しているのかも明らかではない。せいぜい，集票能力や人気の選抜性・異質性くらいである。

　選抜性を中核とする代表は，信託を受けた者（為政者）として，信託をした者（民衆）の利益のために決定・行動することも有り得る。命令・指示もされないのに，本人のために決定・行動する。しかし，本人の意思は明確ではないので，代表は民衆の本意を忖度するのみである。その場合，代表とは仁政主義（パターナリズム）である。

　そして，代表性が選抜性を帯びることは，権力関係では厄介な現象を生み出す。行政職員は民衆より有能な者として選抜される以上，能力のある行政職員は，能力の低い民衆を，容易に説得・誘導し得ると考えられる。行政職員と民衆が能力的に同質ならば，民衆は簡単に行政職員に誘導されない。しかし，大して有能ではない行政職員では，行政の仕事は円滑には進まないので，統治者としての民衆にとって不幸である。

　有能な行政職員は，統治者としての民衆の意思を忖度して仕事をする限り，民衆には便益がある。しかも，有能な行政職員は，一部民衆の理不尽な抵抗や反対をも抑え込めるので，統治者としての民衆の意思も貫徹し得る。しかし，能力的・権力的に優位に立つ行政職員は，特権と私的利益・官益をも享受できる。

　選抜性は，一面では，エリートたる行政職員が，民衆のために滅私奉公・粉骨砕身する「ノブレス・オブリージュ」やパターナリズムに繋がる。しかし，他面では，特権意識と独善と自己利益追求に堕する。

（4）代表の選抜方式

　代表を選抜するならば，何らかの選抜基準が必要である。近代官僚制では，学力を問う公務員採用試験が行われるのが普通であるし，あるいは，それに代替する医師・弁護士などの専門資格をもとにする。資格任用制は，能力主義の観点から，公平かつ不公平である。能力に応じて等しく行政職員になる可能性が開かれるとともに，能力の差異によって行

政職員になる可能性が閉ざされる。

　試験制の論点は，誰が，どのように，どのような選抜基準を設定するかである。選抜の根拠となる能力なるものは自明ではない。行政職員として選抜すべき能力は，結局は，採用する側の能力観の投影または再生産である。しばしば，行政職員自身が次世代の行政職員を選抜するから，既存の能力観のもとで出世した人間が，その能力観と経験のもとで，自らに似た人材を再生産するかもしれない。あるいは，自ら違った人材を求めて，実験的に設定するかもしれない。

　ノースコート＝トレヴェリアン報告（Northcote-Trevelyan report）以来，イギリスの伝統的な公務員試験は，教養試験を柱とすべきとされてきた。行政での判断は，広い教養をもとに為されるべきと考えられたからである。逆にいえば専門性が乏しい。日本の公務員試験では，法律学などの専門科目やその他の一般教養科目の筆記試験が，基本的な形態であった。当然ながら，被治者である一般民衆に比べて，試験成績の優秀な者（「受験秀才」）に偏した行政職員の集団ができあがる。

　しかし，従来の選抜性に由来する異質性が，代表性や正当性を疑わせるときには，その選抜基準は維持できない。それは，必要な選抜性ではなく，無用な異質性だからである。そのためには選抜基準を変えるしかない。例えば，法律専門科目を廃止して，個別面接や集団討議に置き換えたり，一般教養や性格・能力の適性検査などに変えるかもしれない。「人間性」「コミュニケーション能力」「協調性」など，選抜基準が曖昧な「ハイパー能力主義」になることもある。とはいえ，資格任用制である以上，何らかの「能力」に基づき選抜がされ，選抜を通過した行政職員は，被治者である民衆とは異質性を帯びる。

（5）代表の抽出方式

　被治者と為政者の同質性を確保する抽出方式はいくつかある。第1に，抽選制が考えられる。統計調査では，標本を適正に無作為抽出する技法が開発されている。大量の被治者のなかから統計的な代表性を持つ行政職員を無作為抽出することは，行政職員が一定数以上ならば可能である。裁判員・検察審査会委員は抽選制である。古代アテナイでは公職は抽選制であった。その意味で，行政職員をも抽選制で採用することは有り得ないわけではない。公平性も維持される。

　第2は，悉皆制である。すべての被治者が行政職員になれば，当然ながら被治者と為政者は同一かつ同質である。もっとも，通常は，行政職員として必要な人数は，被治者の数よりは少ない。そのため，時間的な順番制・輪番制によって，悉皆制を確保する。例えば，町内会・自治会の役員は，順番制によって順次，抽出していくことがある。一巡すれば第二巡に回るので，輪番制となる。

　第3は割当制・比例配分制である。被治者と行政職員の同質性を確保するには，確保すべき同質性の観点に従って，比例配分の割当を行えばよい。例えば，被治者が男女ほぼ均等であり，行政職員も男女ほぼ均等であるべきならば，行政職員の採用枠を男女割当制にすることが，もっとも簡便であり効果的である。勿論，現在，男性が多数の行政職員の総数を是正するために，今年度の採用枠を男女均等にするだけでは，一気には是正できない。しかし，中長期的には，必ず均等に向かう。より短期的に是正するには，女性の採用枠を多くすればよい。

　割当制・比例配分制は，いかなる観点での同質性を確保するのかの方針を決めなければならない。被治者集団には様々な特性のすべて満たせないし，意味があるとも考えられない。男女以外にも民族・人種，文化・言語・宗教，地域，経済階層，障碍などの色々な観点が有り得る。

しかし，例えば，血液型，利き手，愛煙・嫌煙，酒飲み・下戸などの割当制などは，有意味とは考えられない。政策指向性・政治的党派性は微妙である。また，割当制・比例配分制は，資格任用制に反する可能性もあり，行政職員の選抜性と鋭く対立する可能性もある。もっとも，社会や行政に潜在する差別的取扱が，能力に基づく選抜性さえも抑圧しているときには，割当制と選抜性は両立する。

2.　政治家と官僚の同質性

（1）民主的統制と同質性

　官僚制は，沿革的には，君主制のもとでも整備されてきたので，民衆とは異質の集団である。それは，封建身分制・貴族制をもとにした支配階層から構成されてきた。近代官僚制は，試験制によって民衆の幅広い階層から選抜されるとしても，非民主制である場合，官僚「身分」に選抜されたのちには，異質な支配階層の一員になる。

　専制君主制から立憲君主制や議会制へと徐々に自由主義的な政治体制に移行しても，為政者である公選職政治家は，必ずしも民衆との同質性を持つとは限らない。むしろ，制限選挙制のような財産政治のもとでは，政治家は名望家・有産者を中心とする上流階層から構成される。他方，官僚制を構成する行政職員も，試験制で幅広く門戸を開放しているとしても，実質的には，試験勉強をできる，あるいは，試験内容に馴染む，上流階層から構成される。

　このように公選職政治家と行政職員が同質の階層から構成されるときに，相互の意思疎通と合意・協働は容易であろう。しかも，行政職員が政策決定に深くかかわることが，政治家の意向を無視する官僚支配にもならない。選抜方法は異なっていても，選出母集団の階層的同質性によ

り，政官関係における協働と指揮監督とが実現する。

　政治家と行政職員の階層的同質性が失われると，政官関係における協働と指揮監督とが円滑に進まない恐れがある。特に，民主制の進展とともに，公選職政治家は，必ずしも上流階層から構成されるとは限らなくなる。しかし，官僚制が，試験制を介して，それ以前と変わらず上流階層から構成され続ければ，政官関係は円滑に進まず，民主的統制も実現しなくなる。政治家が民衆と同質性を高めるならば，行政職員も，民衆・政治家との同質性を高めなければならない。

　階級社会のイギリスでは，議会制のもとでは，議会政治家と行政官僚は，パブリックスクールを経てオックスフォード・ケンブリッジ大学を卒業したような，同質の上流階級から構成され，それゆえに，行政が政治の指導に従いつつ協働ができたと考えられる。それが，選挙権拡大とともに，議会政治家も労働者階級や大衆から構成されるようになれば，官僚制との不整合を起こしかねない。官僚制の選抜の母集団が労働者階級に開かれ，大衆民主主義・普通選挙制でも政党政治家が階級による選抜性を維持すれば，政官関係での不整合は起きない。民衆と政治家と行政職員の間で，一定の同質性が確保されなければ，民主制は維持しにくいであろう。

（2）党人派・官僚派・族議員

　政治家と行政職員との同質性が重要であるが，両方向で作用する。政治家の構成に行政職員を同質化する方向と，行政職員の構成に政治家を同質化する方法とがある。政治家は選挙制であり，行政職員は試験制であるから，選抜方式自体には同質化を進める論理はない。勿論，民衆の誰もが政治家になれる普通選挙制と，民衆の誰もが行政職員になれる公開試験制とは，選抜母集団は同じであるから，民衆との同質性を広い意

味では保証するかもしれない。しかし，母集団が同質・同一でも選抜方式が異なれば，同質にならない方が普通であろう。

　近代日本の場合，官僚制は文官高等試験という公開試験制である。藩閥に偏した情実任用制を避け，広く民衆のなかから公平に有為な人材を選抜した。しかし，高文官僚（しばしば東京大学卒）は，天皇からの距離の近い特権「身分」として，異質の為政者になった。「青雲の志」や「立身出世」という支配欲・権力欲に基づく選抜であった。

　政党政治の進展に伴い，政党が官僚に対する民主的統制を実効的にするために，政党と官僚の同質性が必要になるならば，政党は官僚に合わせていく。政党は官僚化していく。近代日本の政党は官僚出身者である「官僚派」を，大きく抱える。しかし，政治家と官僚の関係は双方向である。民主化の進展に伴い，公式の決定権限を公選職政治家が持つようになれば，官僚は政治家と意思疎通をしなければ，行政運営を円滑に行えない。そのため，官僚のままでは為政者としての限界を感じ，政界に転進することも多い。官僚は政党化していく。

　異質性が意思疎通を困難にするならば，官僚出身者でない（しばしば東京大学卒でない）「党人派」からすれば，異質な官僚をいかに統制するかが，重要な課題になる。そのため，党人派大臣は，官僚人事に政治介入する意向を持つかもしれない。また，例えば，「高等小学校卒」を自称する「今太閤」・田中角栄が，東京大学出身の高級官僚を使いこなしたわけで，同質性は必須ではない。とはいえ，行政職員と協働して政策決定をするためには，官僚に対して政治家の側から接近せざるを得ない。いわゆる「族議員」である。官僚出身政治家ではなくとも，官僚が進める政策論議を理解することが必要になる。こうして，政治家と官僚は，為政者として同質性を構築していく。

　ともあれ，政官関係の円滑化の便宜から，政治家と官僚が同質性を構

築することは，被治者と為政者の同質性を阻害する可能性もある。イギリスでは，政治家と民衆の同質性を前提に，政治家と官僚の異質性が問われた。しかし，日本の場合は，政治家と官僚の同質性を前提に，政治家・官僚という為政者集団と民衆との異質性がより問われている。

（3）属性的同質性

出身階層や官僚経験などの経歴に同質性があれば，指揮監督や協働が円滑に進むとは，一概にはいえない。しかし，実際の関係の実態はともかくとして，民衆と政治家の間に同質性がない場合には，異質の他者による支配となって，代表性も民主性も失われる。

公選職政治家だけではなく，政策判断に実質的に関与している行政職員も，様々な属性において，民衆との同質性が問題となり得る。こうした観点が，キングスレーが提唱した代表性的官僚制論（representative bureaucracy）である。キングスレーはイギリスを念頭に，主に階級的な同質性をイメージしていた。しかし，今日的には，様々な属性での同質性が論じられるようになっている。

3. 代表性的官僚制の諸相

（1）国籍

行政職員が国籍を持つ公選職政治家の指揮監督に服すれば，行政職員が外国籍でも問題はないはずである。もっといえば，有権者が日本国籍を持つならば，政治家は外国人でも構わないはずである。官僚制は本人の下にある「機械」ならば，外国産でも国産でも関係ない。例えば，中世イタリアの都市国家では，ポデスタ制として，他都市出身者を行政長官として選任していたという。

　しかし，日本では，「当然の法理」として，「公の意思形成または公権力の行使」にかかわる行政職員には，日本国籍を要求する教説がある。行政職員は，単に政治家の指揮監督に服している機械ではなく，自らの判断で意思形成や公権力を行使している。しかも，行政職員は，公選職政治家のような選挙制による代表性を主張し得ない。行政職員が政策判断にかかわる正当性は，極めて難しい問題であるが，それを，国民という「想像の共同体」の同一性によって，不問に付する教説である。もっとも，国籍があっても，国民のために行動する保証は全くない。

　被治者は日本国籍保有者には限らないので，多国籍社会の進展のなかで，行政職員に日本国籍を求めることは，被治者との異質性を際立たせる。被治者と行政職員の同質性を確保するには，国籍による限定がない方が都合がよい。むしろ，被治者の国籍の多様性に合わせた同質性を持つべきかもしれない。例えば，外国人住民・児童・観光客が増えれば，対応する窓口職員・教員が必要になろう。さらに，同質性にとどまらず，言語・習慣などの有能性の観点からも，あるいは，そもそも一般的な有能性の観点から，国籍の限定を外した方がいいかもしれない。

（2）民族・人種

　国籍とかかわりながらも，別の問題となるのは，民族・人種である。勿論，民族・人種とは何であるかの識別は極めて難しい問題であり，血統，地域，言語，宗教，文化などが絡まり合っている。ともあれ，漠然と存在する民族・人種の異質性は，行政の現場では大変に問題になり得る。例えば，アメリカでは，白人警官が黒人に暴行をすることは，極めて深刻な問題になる。ともにアメリカ国籍を持っていても，国籍だけでは同質性を確保できない。人種・宗教・民族差別が蔓延しかねない環境のなかで，カトリック，ユダヤ，ヒスパニック・ラティーノやアジア

系・アラブ系などの少数派から見て，行政職員において WASP（白人・アングロサクソン・プロテスタント）が過剰であると，行政の同質性への疑念が生じる。同質性がないことは，行政の公平性をも疑わせる。

戦後日本の場合には，「単一民族神話」が，日本人＝日本民族＝日本国籍としてきたので，在日外国人＝非日本民族（多くは朝鮮民族・漢民族）＝外国籍となる。しかし，国籍と民族とは一対一の対応ではない。朝鮮系・中華系であっても日本国籍を持ち，行政職員に就任している人もいる。こうした行政職員は，民族的異質性を明らかにして，職務をするとは限らない。そのため，多民族からなる被治者の多様性を反映して，行政職員が多様性を持つことにもならない。

しかし，単一民族は神話である。現実には多国籍であるだけでなく，多民族である。アイヌは先住民族として国も認定している。ウチナーンチュ（沖縄人）は，難しい問題を孕んでいる。

なお，国籍・民族・人種は，戦前日本や満洲国のように，植民地帝国においても大きな問題となる。植民地の行政職員は，宗主国の国籍・民族・人種が求められるのか，逆に，植民地の特別の植民地籍・民族・人種が求められるのか，あるいは，どちらでもよいのか，もしくは，上層下層で分離しているのか，などである。また，戦後日本でも在日米軍の存在は，多国籍・多民族・多人種をもたらす。

（3）性別・ジェンダー

民衆の比率は男女ほぼ均等であるならば，為政者である行政職員も男女ほぼ均等であることが，同質性には不可欠である。しかし，現実には，行政職員の多くは男性である。この問題は，行政の同質性だけではなく，外（「社会」）での仕事を男性が担い，家庭内無償労働（アンペイド・ワーク）を女性が担うという，性的役割分担（差別）の問題ともか

かわる。個人の職業選択の平等や男女共同参画の観点からも，公務労働の領分でも男女比の比例性・反映性が求められている。

　単に，全体の比率だけではなく，職種・職域や職層でも問題となる。性的役割分担は，特定の職種・職域に女性を割当て，また，管理職層などの指導的地位に男性を割り当てる。さらにそれが連動し，例えば，看護「婦」には「婦人」（既婚女性）が想定されていたが，「婦」長以下看護「婦」は，暗黙裡に男性が占める医師の指揮監督に服する職種間序列を背景としてきた。従って，女性行政職員は，家庭内無償労働の共同化として，保健・看護・介護・保育・幼稚園小中学校教育・秘書・庶務などに限定されることが多い。管理職などの女性比は，行政職員全体における女性比よりさらに低い。人事「評価」がジェンダーバイアスを伴う場合，「能力」に基づく内部昇進が行われれば，採用段階で男女比が同質的になっても，管理職層での同質性は実現できない。ただ，採用段階が是正されれば，年次一斉昇進制によれば管理職層でも徐々に是正が進む。

　しかも，日本行政は，男女比是正が充分に実現しないままに，性自認・性的指向性の多様性に，直面している。男女の二項分類をしなければ，男女比の異質性を明らかにして，同質性に向けた是正措置もできない。しかし，LGBTQ を含む多様性への配慮から，男女性別という二項区分を明らかにしないことも必要である。

（4）地域

　戦前官僚制では，薩長土肥という藩閥中心から来る地域的異質性が問題となって来た。藩閥とは，明治国家の指導者が西南雄藩出身者で占められたので，地縁によって官僚が情実任用されたことである。維新政府は，日本全国から見れば「進駐軍」であって，為政者と被治者は地域的

に同質性を持っていない。しかし，文官高等試験の導入は，能力主義の公平性の可能性を確保するとともに，藩閥を解消するかもしれない。

　もっとも，官僚に任官したとしても，階統制組織での仕事は，上司による訓導や登用・重用が重要なので，「出世」には「長州閥」「山縣閥」などに連なることが必要である。それでも，徐々に日本全国，特に，地方圏から広く官僚が任用されるようになった。個人にとっては，官僚になることは立身出世であり，地域にとっては，地域出身者を輩出することで，地域の繁栄を目指すことに繋がる。その意味で，民衆と行政職員の同質性を確保する営みではなく，個人や地域の利己心の反映かもしれない。ともあれ，結果的に地域の観点から見た同質性が確保されることもある。

　地方圏出身者が官僚になると，行政の決定に，地方圏に理解を示して地方圏の意向が反映されるかもしれないし，逆に，中央指向の発想によって，地方圏の意向は抑圧されるかもしれないし，また，全く決定には関係ないかもしれない。ともあれ，行政職員が政策決定にかかわる限り，色々な地域出身の行政職員がいることは，同質性に疑念を生じさせない。逆に，官僚を輩出しない地域は，冷遇への疑念を生じさせ得る。近年では，人口の大都市圏集中の傾向を反映して，大都市圏出身の官僚が増えている。

（5）階層・階級

　代表性的官僚制論は，もともとは，イギリスの階級社会を前提とする。行政職員が，上流階級から構成されているならば，労働者階級を含む被治者との同質性がない。公立学校教育は上流階級の利益を再生産するものであって，労働者階級から見れば異質の他者を生産する装置である。学校教育にもかかわらず労働者階級性を喪失しなかった者は，労働

者階級として再生産される。学校教育に順応すれば，階級上昇によって行政職員になることは可能であるが，労働者階級として行政職員になるのではなく，労働者階級を脱出して中流階級として行政職員になる。それゆえ行政職員と被治者の同質性を確保できない。

産業構造の変化や市場原理主義・グローバリズムなどによって，旧来の労働者階級の再生産ができず，「下層階級（underclass）」となる事態が生まれた。その場合には，経済的な格差・階層・階級は残存するにもかかわらず，労働者階級の特徴は解体される。労働者階級以下への社会的排除になるので，為政者と被治者の同質性は得られない。

階層を生み出すのは経済だけでないというのが，文化資本論（ブルデュー）である。行政職員は試験制であるため，学校教育などに順応する若者の方が行政職員になりやすい。学校教育の門戸は広くすべての階層に型式的公平に開かれていても，実質的には，学校教育に有利な文化資本を持つ生育環境と，そうではない環境がある。そのため，文化資本を持つ者から文化資本は再生産される。文化資本の保有者は「遺産相続者」である。

つまり，行政職員に適した文化資本を持つ階層から，次代の行政職員が過剰に選抜される。日本官僚制では東京大学出身者が多いといわれて来たが，さらに現代では，首都圏の有名私立（中高一貫）校出身者が増えているともいわれている。そのため，行政職員と民衆の同質性は確保されない。また，そのような異質性を積極的に是正することが，学校教育では困難である。民族・性差などの過少選抜も，同様にして，学校教育で是正することは，学校教育の階層または文化資本に関する偏向性を変えない限り，容易ではない。

それゆえ，民衆と行政職員の同質性を達成するには，割当制が考えられる。しかし，割当制で行政職員の構成を変えても，行政の業務の仕方

に埋め込まれた文化資本が変わらない限り，割当制で採用された行政職員は，仕事を処理しずらい状況に置かれる。

参考文献

ヴァン・レイブルック，ダーヴィッド『選挙制を疑う』法政大学出版局，2019年

ウィリス，ポール・E.『ハマータウンの野郎ども』筑摩書房，1985年

ブルデュー，ピエール＝パスロン，ジャン・クロード『再生産』藤原書店，1991年

ブルデュー，ピエール＝パスロン，ジャン・クロード『遺産相続者たち―学生と文化』藤原書店，1997年

ブリュデュー，ピエール『国家貴族ⅠⅡ』藤原書店，2012年

片岡寛光『国民と行政』早稲田大学出版部，1990年

片岡寛光『官僚のエリート学―「官の論理」を「国民の論理」に組み替える』早稲田大学出版部，1996年

坂本勝『公務員制度の研究―日米英幹部職の代表性と政策役割』法律文化社，2006年

清水唯一朗『政党と官僚の近代―日本における立憲統治構造の相克』藤原書店，2007年

清水唯一朗『近代日本の官僚―維新官僚から学歴エリートへ』中公新書，2013年

曽我謙悟『現代日本の官僚制』東京大学出版会，2016年

只野雅人『代表における等質性と多様性』信山社，2017年

竹内洋『学歴貴族の栄光と挫折』中央公論新社，1999年

田中秀明『官僚たちの冬　霞が関復活の処方箋』小学館新書，2019年

辻清明『新版　日本官僚制の研究』東京大学出版会，1969年

辻村みよ子（編）『壁を超える―政治と行政のジェンダー主流化』岩波書店，2011年

早川誠『代表制という思想』風行社，2014年

本田由紀『多元化する「能力」と日本社会―ハイパー・メリトクラシー化のなかで』NTT出版，2005年

前田健太郎『市民を雇わない国家』東京大学出版会，2014年

水谷三公『英国貴族と近代—持続する統治1640—1880』東京大学出版会，1987年

水谷三公『王室・貴族・大衆—ロイド・ジョージとハイ・ポリティックス』中公新
　書，1991年

水谷三公『官僚の風貌』中央公論新社，1999年

村木厚子・秋山訓子（編）『女性官僚という生き方』岩波書店，2015年

学習課題

1．現代日本の行政職員は，いかなる意味で代表性を持ち，また，持って
　いないだろうか。

2．代表の選抜性とは，天才・トップレベル（「ベスト＆ブライテスト」）
　なのか，勉強秀才・努力家なのか，中の上程度の「そこそこ」なのか，
　平凡・凡庸・人並なのか，平均以下なのか，「でもしか」なのか，どの
　ように考えたらよいだろうか。

3．割当制や抽選制をうまく設計することはできるだろうか。

14 | 行政の中立性

《ポイント》 民衆の政策指向性が多様であり，選挙で公選職政治家が政治的党派性を巡って競争し，また，政策過程では様々なアクターがかかわって政策決定をするときに，資格任用制の行政職員は，いかなる政策指向性を持ち，また，どのように政策判断にかかわるのか，あるいは，どのような政策指向性が被治者の前に出現するのか，悩ましい問題である。

《キーワード》 政治的党派性，政策指向性，行政的党派性，党派的中立性，政策的中立性，無色透明性，変色性，選挙制，資格任用制，試験制，基盤行政，公正中立性，統計，教育行政，人事行政

----

1. 政策的中立性・党派的中立性

（1）政治の政治的党派性・政策指向性

　議会制民主制のもとでは，複数政党がイデオロギーや政策指向性を巡って選挙で競争する建前がある。政権与党には政策的中立性はない。しかし，選挙が，政策指向性を巡って争われるという前提は，必ずしも成立するとは限らない。選挙は公職を巡る党派間の争いが基本であって，政治的党派性が前面に出る。例えば，選挙においては，家柄・血統・血縁，地縁，外見・風貌，人格・人柄，識見，統治能力・決定能力などが問われるのであれば，選挙結果は政策指向性を示さない。選挙に存在しないのは，党派的中立性である。選挙の勝利者に政策指向性があるとしても，政権与党の政策指向性には選挙に基づく民主性はない。政府の政

策指向性は，行政部内や議会での政策論争のなかで決定される。

　圧倒的な一党支配体制では，選挙で政治的党派性は問われない。当該
「党」が唯一の存在なので，党派的競争がないという意味で，党派的
「中立性」に至る。最も党派性が偏向した一党制では，異なる党派性の
認識自体ができないがゆえに，表面的には最も党派「中立性」に見える。

（2）行政の党派的中立性

　資格任用制で構成される行政職員は，政策指向性・政治的党派性を巡
って競争して採用されるわけではない。その意味では，行政職員には，
政策的中立性・党派的中立性が消極的に期待されている。選挙制のもと
で政治的党派性・政策指向性を帯びた政治家と，資格任用制のもとで党
派的中立性・政策的中立性を帯びた行政職員が，組み合わされる。

　行政職員には，自ら政治的党派性を追求する利害はない。しかしなが
ら，政治家は行政職員に対して，自らの政治的党派性に貢献することを
求める動機がある。特に，行政職員を指揮監督する政権与党は，その立
場や権力を用いて，政治的党派性を追求するかもしれない。

　例えば，政権与党が警察を使って，野党候補に不利に，与党候補に有
利に，選挙干渉する。しかし，警察が執政の指揮監督に置かれるにせ
よ，それを自党のために使うことは望ましくはない。また，政権与党が
選挙制度を所管する行政を使って，自党に有利な選挙制度改革や選挙区
割画定などを進めることも，適切とはいいにくい。こうした事態は，民
衆全体の奉仕者としての行政の党派的中立性を侵す。

　もっとも，例えば，公共事業の箇所付け，補助金の交付，ばらまき給
付政策，減税措置や増税延期など，様々な行政活動は，基本的には政策
判断の問題であり，政策指向性の問題であるといえるが，結果として選
挙において政権与党に有利に作用する政治的党派性を帯びることもあ

る。もっといえば，政権の実績それ自体が選挙で問われる以上，すべての行政活動は政治的党派性を結果として帯びる。行政職員が誠実に行政活動を成功に導けば，結果的には政権与党が選挙で有利になる。逆に，行政職員が様々な失敗を行えば，政権与党に対する敵対的な意図はなくても，結果的には政権与党に不利な政治的党派性を帯びてしまう。

　実は行政職員の党派的中立性と政治的党派性との境界は，極端な場合を除けば，曖昧である。政権与党は，露骨な政治的党派性を帯びた介入をするとは限らない。通常の政策過程における政策判断として行政職員に指揮監督を及ぼすかたちで，実態上は，行政職員に政権与党の政治的党派性への貢献を求める。行政職員の政策判断に政治が影響を及ぼすことを否定することは，民主性・責任性などの観点から有り得ないので，政治からの分断によって，行政職員の党派的中立性を確保しきれない。政治の政策指向性は行政に及ぶのは是で，政治の政治的党派性が行政に及ぶのは非であるとしても，両者の区分は曖昧で，両者は混在している。しかも，行政の党派的中立性とは政治に従わないことであり，行政の政策的中立性とは政治に従うことであるならば，この2つの中立性は正反対の方向性を持つので，さらに厄介なのである。

　また，行政職員は，自らの組織，集団，個人利益を追求し得る。これを行政的党派性と呼ぶならば，政治からの介入の有無にかかわりなく，常に行政職員は行政的党派性への誘因を持つ。行政職員を政治的党派性から遮断するだけでは，行政的党派性は解消されない。行政自体が行政的党派性を追求しない工夫が必要である。しかし，政治による行政統制などを除けば，行政の自省・自制を超える方策は明らかではない。

（3）行政の政策的中立性

　政治家によって，政策指向性を帯びて決定された政策は，政策的中立

性を持った行政職員によって，そのまま執行に移されるべきという教説
がある。この場合の政策的中立性は，いわば無色透明性である。政治家
が青色の政策を選択すれば，無色透明の行政職員は青色の政策を執行す
る。政治家が赤色の政策を選択すれば，行政職員は赤色の政策を執行す
る。民衆全体が紫色であるときに，行政職員も紫色という代表性・同質
性・反映性・再現性の意味での政策的中立性ではない。行政職員と民衆
の平均との政策指向性は一致しない。

　行政職員は政策形成でも政策執行でも，政策判断に深く関与してい
る。政治家が青色の政策指向性を持てば，行政職員は，青色を指向して
政策立案に助言・支援をし，政策執行する。政治家が赤色の政策を指向
する場合には，行政職員はそれに合わせる。行政職員は，政治家の政策
指向性を体現して積極的に協働する。ここで意味する政策的中立性は，
無色透明性というより，変色自在性である。行政職員の政策的中立性
は，政権の政策指向性の変更を柔軟に受け入れる基盤となる。

（4）行政の外発的な政策指向性

　政策指向性を帯びた政治家と，政策的中立性を帯びた行政職員との結
合によって，行政活動は全体として政策指向性を帯びる。行政職員が政
策的中立性を守っていても，行政活動は政策指向性をまとって，被治者
＝民衆の前には立ち現れる。行政の対民衆的な政策指向性（偏向性）を
実現するのが，行政職員の政策的中立性である。

　政権与党とは政策指向性の異なる被治者は，行政の取扱に政策指向性
の点で納得できない。その不満は，選挙における政治的党派性の選択だ
けで回収されない。選挙で問われるのは政治的党派性であって，政策指
向性とは限らない。被治者は，圧力団体を通じて政策過程に働きかけ，
行政過程への直接参加によって働きかけることも可能である。政策的中

立性のある行政職員は無色透明であって，政策判断が選挙や執政だけに
還元されない以上，色々な回路で被治者は働きかけるし，行政職員はそ
れを受留め・忖度・考慮する。

（5）政体と政策的中立性

　政策的中立性を期待される行政職員は，選挙結果で多数派となった政
治的党派の有する政策指向性にだけ染まるだけとは限らない。政体
（polity）の政策指向性に染まることが，政策的中立性でも有り得る。与
党党首＝首相とその周辺からなる中核執政府（core executive）が主導
する政体では，首相官邸の政策指向性に順応する。政体が与党内の有力
者による合意によって運営されるのであれば，それに即応するのが政策
的中立性である。相互に自律して政策判断を行う政府と与党の双頭制の
政体ならば，それに順応するのが政策的中立性である。議会での与野党
協調が重要な政体ならば，超党派的な意味での政策指向性に配慮する。
選挙で政権交代があったとしても，与野党協調という政体ならば，行政
の政策指向性は政権交代だけを反映するものではない。

　政体は，政治家と行政職員だけで構成されるのではなく，利益集団，
マスメディア，専門家，外国政府などの相互作用からなる。選挙で政権
＝与党交代があっても，それ以外の勢力が一夜にして転換するわけでは
ない。行政は，政権交代や議会選挙結果にかかわらず，全体としてほと
んどメンバーの替わらない政体の政策指向性を反映する。

　もっとも，政権交代によって，政治的党派性を帯びて系列化している
利益集団，マスメディア，専門家は，入れ替えられることはある。この
ようにして，選挙や政権交代が，政体におけるメンバーの一部交代を導
くときには，政策的中立性ある行政職員はそれに対応する。

　事業者などの利益を代弁した業界が圧力団体として有力な場合には，

政官業「鉄の三角形」の割拠制が政体となる。行政職員は，政官業が形成する政策指向性に順応する。行政職員は，政治家・業界などとの相互作用のなかで，極めて政治的に行動できる。行政職員は，政官業政体の政策指向性に従うわけであるが，その政策指向性の形成に，党派的中立性の意識を持ったまま参画できる。そのときに，行政職員は政策的中立性の意識で参画するか，政策指向性への関与を踏まえて政策的中立性のないものとして参画するかは，どちらも有り得る。また，実際の行動が党派的中立性を失うことは有り得る。自らも政治と融合して働きかけて形成された政策指向性に，行政職員は自ら従う。

　政策的中立性を帯びる行政職員は，政体の性質あるいは政体観によっては，選挙による政権交代に順応しない。選挙で示された政策指向性が，行政には単純には反映するとは限らないことを意味する。その視点から見れば，行政は政権与党の単なる代理人では有り得ず，中核執政府主導の政体で期待される政策的中立性を持っていない。政体（観）によって，政策的中立性の意味が変わるからである。

（6）行政の内発的な政策指向性

　現実の行政職員は，独自の政策指向性を持ち得る。行政にかかわろうと職業選択をした人間であり，日常業務として政策形成・執行に携わっているから，平均的民衆よりも政策に知識も関心も高い。政策立案には，何らかの政策判断をせざるを得ない。また，政策執行の場面での具体的判断も，同様である。行政職員が持ち得る政策指向性は，政治党派の分布状況によっては，政治的党派性とも連動し得る。

　第1に問題となるのは，行政職員がどのような政策指向性を有しているのかである。比喩的にいえば，公選職政治家が青色と赤色で構成され，政権与党は青色で，被治者民衆の平均は紫色（青色が優勢という意

味では青紫色）であるときに，行政職員は何色なのかである。行政職員が，被治者からの代表性（同質性・反映性・比例性）を持つならば，行政職員もほぼ一般民衆と同様に，紫色で構成される。しかし，そうではないかもしれない。この問題の解明には，行政職員の意識調査というエリートサーベイが考えられるが，政策的中立性の建前のもとで，正直な回答が得られるか，また政権がそれを許容するか，不明である。

　第2に，行政職員の政策指向性は，どのように形成され，再生産・維持あるいは変化するのかである。少なくとも，試験制においては，民衆や政治家の政策指向性を反映する仕組は採られてはいない。

　しかし，応募意志による偏差がすでに存在するかもしれない。例えば，政権与党が青色ならば，行政職員になろうとする人間は，相対的に青色の政策指向性を帯びた人が多くなるかもしれない。なぜならば，やりがいがありそうだからである。また，採用志願のときには偏差はなくとも，内部昇進には偏差が作用するかもしれない。しかも，長期政権が続くならば，その傾向はなお一層に強くなるかもしれない。しかし，政策的中立性を行政職員が持てば，自らの政策指向性と異なる政策形成・執行にも，不満を持たずに携わるので，偏差は生じないかもしれない。

（7）被治者に対する政策指向性への反映

　第3に，行政職員の政策指向性の可能性を前提に，行政職員が実際の政策過程にかかわるときに，行政は被治者に対していかなる政策指向性を帯びるのかである。行政職員が政策的中立性を持てば，政体の政策指向性を帯びて行政は被治者に立ち現れる。行政職員が固有の政策指向性を持つことによって，行政の政策指向性に影響が生じる。

　例えば，政権与党が青色の政策指向性を有するときに，無色透明の行政職員を通じて，行政は青色として被治者の前に現れる。しかし，行政

職員の政策指向性が青色であっても，行政は青色として現れる。この場合には，外見上は，行政職員は，無色透明性・変色性（政策的中立性）なのか，青色に偏向（政策指向性）しているのかはわからない。固有の政策指向性を帯びた行政職員も，政策的中立性の「神話」を享受できる。

　政権与党が青色のときに，民衆の平均である紫色の行政職員は，独自の政策指向性を持つという意味で，また政権与党と同色には染まらないという意味で，政策的中立性を持たない。しかし，民衆との代表性・同質性・反映性・再現性という意味で，特定の政権与党・多数党派の政策指向性に偏らないという意味では，政策的中立性を持つ。政策的中立性は，異なる政体（観）を内包した行政論議のなかで多義的に使える。紫色の行政職員が，青色の政権与党のもとで政策過程にかかわると，行政は全体として青紫色になるかもしれない。政権与党の政策指向性から乖離する意味で，政策的中立性を害されている。民衆の平均的な政策指向性に近づいた意味では，政策的中立性が回復されたことになる。

（8）補正主義・漸進主義・原理主義

　民衆が紫色のときに，政治家が青色・赤色であるものの，行政職員は全く固有の黄色の政策指向性を持つ場合も有り得よう。あるいは，民衆が青赤黄の三色から構成されているとき，それにもかかわらず，政治家には黄色が反映しない場合，行政職員が黄色を反映するかもしれない。行政は緑色または橙色に補正される。

　また，白色である行政職員は，行政を水色または桃色に薄めるかもしれない。行政職員は，政権与党が示す「過激」な政策指向性を弱めるかもしれない。漸進主義，微温主義・穏健主義・修正主義である。逆に，黒色を加えることで，行政職員は，政権与党が占める政策指向性を，さ

らに濃く「過激」にするかもしれない。それは、急進主義・過激主義であり、原理主義である。

2. 行政職員の任用と中立性

（1）試験制と中立性

　選挙制からの隔離と試験制の導入が、行政職員の政策指向性・政治的党派性を排除することに役立つと考えられている。しかし、試験制は党派的中立性・政策的中立性を積極的に保証する設計でもない。試験制それ自体に内在する政策指向性・政治的党派性は存在し得る。

　第1に、試験制であること自体、試験に慣れ親しんだ文化資本を有する階級の生活・文化・習慣を反映しているかもしれない。文化資本を有する階級が、特定の政策指向性を持つならば、試験を通過したこと自体が、政策的中立性を持っていないことの実証になる。

　選挙における政治家の党派間競争が、文化資本を有する階級内での「内輪もめ」であり、文化資本を持たない階級を行政職員への任用を排除しているのであれば、文化階級内の同質性によって行政職員は党派的中立性を疑われない。しかし、ポピュリズム、宗教的原理主義、民族主義・排外主義、過激思想、成金・新興経済勢力などが党派的競争に参入し、これらの勢力が既存の文化資本を持たなければ、既存の文化資本の「遺産相続者」である行政職員は党派的中立性を疑われる。ポピュリストなどの政治家は、公務員叩きをする誘因を持つ。

　第2に、公務員試験における重要科目は法律学である。法律学も、経済学、土木工学、電気工学、化学や数的処理・文章理解など他の出題科目と同様に、学術的専門性を背景に出題・採点される。とはいえ、その大元となる憲法・法律などは政治過程のなかで制定改廃される。

　裁判所は，「司法権の独立」を持っているから，判例・学説やその前提となる思考技術を問うことが，政策的中立性には寄与しよう。とはいえ，司法の判断が政治家の容認するところでなければ，憲法・法律を改正するか，司法介入するだけである。また，日常的な行政による法令の解釈運用は，政権与党の了解のもとになされている。内閣法制局にしても同様である。それゆえに，法律科目で「正解」を問うことは，既存の政策選択を「正解」として再現することを求めることでもある。つまり，政策指向性を暗黙の前提として試験制は行われる。

　行政職員の内面は自由だから，公務員試験で既存の政策指向性の「踏み絵」を踏まされても，面従腹背は可能ではある。自身の政策指向性を抑えて，他者の政策指向性へ順応できることが政策的中立性であり，政策的中立性への能力を試問している。しかし，敢えて内面の政策指向性と親和しないまま行政職員になることと，内面的にも政策指向性が現行の法令・解釈と親和する者が行政職員になることとでは，後者の方が自然であり容易であろう。また，後者の方が，行政職員になってからも，上司・同僚や政治家と衝突することも少ないだろう。

　第3に，論文試験では，政策指向性が答案に明示的または黙示的に表明されることがある。集団討議や個別口頭面接においては，さらにその危険性が高まる。従って，いかなる出題・課題提示・質問であるかによって，誰が出題・採点者であるかによって，試験に政策指向性が埋め込まれる可能性はある。勿論，答案や発言がいかなる政策指向性を有していても，採点者や採用者が政策的中立性・論理性・説得性などに基いて判断するのが原則である。しかし，そうなっていないかもしれない。しばしば，出題・採点委員は，行政の外部の専門家・有識者であるが，これらのものが政策指向性を持たないわけではないし，どのような外部者に委嘱するのかは行政側の判断である。

（2）行政職員任用における中立性の限界

　試験制それ自体が政策的中立性を保証するとは限らないが，しかし，ある程度は，政治的党派性および政策指向性への防波堤になる側面はある。とはいえ，その程度にも限界はある。

　第1に，試験合格者または専門資格保持者という候補者から，既存の為政者が行政職員を採用する。試験に合格できない人物を政治的党派性または政策指向性に基づいて採用できない（②）。しかし，試験に合格した人物のなかから，政治的党派性または政策指向性に基づいて，採否を振り分け得る（①③）。為政者が政治的党派性または政策指向性に基づいて採否を決定しないときには，任用に中立性があるが（⑤⑥），あくまで，為政者の自制に支えられる。為政者はいつでも自制を止めることができる（表14-1）。

　第2に，採用段階で試験制を導入しても，配置転換・昇進などの異動全般にわたって昇任試験制がない場合には，その段階で政策指向性や政治的党派性を混入できる。年功序列方式や年次一斉昇進方式は，試験制とは異なるが，昇進段階での政策指向性や政治的党派性を防ぐ仕組としては，ある程度の共通性を持つ。勿論，年次一斉昇進方式は能力実証を経ないので，資格任用制とはいえない。しかし，年功序列方式は，年数を経ることによって能力が高まると見なすことによって，能力主義と機械的な年次昇進を結合させる。

　年次一斉昇進方式は，政策指向性や政治的党派性を減らす工夫ではある。とはいえ，年次一斉昇進方式を維持できるのは，採用後，数年から二十年程度であり，また，役職的にも中堅クラスまでである。行政職員は職層が高くなるほど，政策指向性や政治的党派性を帯びる。

　第3に，任用を行う為政者が，どのような存在なのかが重要である。政治家が実際に任用を行う場合には，試験制であったとしても，政治的

表14-1　採否決定

| | | 公開競争試験による合否 | |
		合格	不合格
為政者側の採否への動機	採用	①	②
	不採用	③	④
	自制	⑤	⑥

党派性によっても任用を歪めることはできる。しかし，政治家とは切り離された幹部行政職員が任用の自律性を有する場合には，任用は試験制の有無にかかわりなく，政治的党派性を免れる。

　政治家からの自律性を有した行政職員自身が何らかの政策指向性を有する場合，人事を握る幹部行政職員や当該行政組織の政策指向性が埋め込まれ得る。また，幹部行政職員が，所属する行政組織への忠誠や，当該組織内での自己の勢力の強化などの行政的党派性を持つならば，この観点から人事を行うかもしれない。行政による任用の自律性は，政治的党派性は抑えるかもしれないが，省庁セクショナリズムや幹部行政職員の立身出世・権力闘争に資する行政的党派性を防げない。

　政治家と行政職員が融合的に人事の任用を行う場合には，行政職員の任用は政治家の意向を忖度して行われるので，明示的に政治家の指示や承認・拒否なくしても，職員の任用は，政権与党の政策指向性や政治的党派性を帯びざるを得ない。つまり，表面的な任用の自律性は，任用の中立性を必ずしも意味しない。

（3）任用と活動の自律性・従属性
　一般に，人事を握ることは，相手の行動を支配することと考えられる。行政職員の任用が政権与党から自律性を得ることは，当該行政職員や組

表14-2　政権与党から見た職員人事への介入動機

| | | 行政職員の任用 | |
		自律的	従属的
行政職員の活動	自律的	あり＝政治介入を誘発	あり＝政治介入の逆効果に自問
	従属的	なし＝歓迎・是認・放任	あり＝政治任用として正当化

表14-3　職員人事への期待の異同

| | | 行政幹部の職員人事への期待 | |
		政策指向性	能力
政権与党の職員人事への期待	政策指向性	政治任用制	活動従属の資格任用制
	能力	官僚支配	活動自律の資格任用制

織の独立性・自律性・第三者性・中立性には不可欠と考えられる。人事で政権与党に従属すれば，当該行政職員や行政組織は，政権与党の政策判断に従属する。この発想が，政治任用の根拠となる。

　政権与党に対して，行政組織が行政職員の任用の自律性を得ることが，政策判断の自律性に直結するならば，執政は任用に介入する動機を持つ。幹部職員への政治任用はその典型であるが，採用・昇進でも多かれ少なかれ同様である。逆に，任用の自律性があるときにも，行政職員の政策的中立性によって，行政活動が政権与党の政策指向性に従属している場合には，政権与党は任用に介入する必要がない（表14-2）。

　それゆえに，行政組織は人事の自律性を得ようと思えば，活動の従属性を提供しなければならない。活動が従属するならば，人事の自律性を確保する意味がないともいえる。活動を従属させてまで人事の自律性を維持するのは，幹部行政職員にとって，何らかの別の任用上の価値があるからであろう。例えば，行政幹部が人事に期待するのは能力の確保であり，政権与党が人事に期待するのは政策指向性であるならば，政策指

向性では政治に従属しつつ，能力の確保の点では行政が自律性を持つ必要がある，という役割分担になる（表14-3）。

　また，政権与党が人事に政治的党派性を期待し，幹部行政職員が人事に政策指向性を期待するならば，政治的党派性への忠誠を提供することで，人事の自律性を政権与党から認めさせ，自らの求める政策指向性に適う行政職員を任用する。政権与党が人事に政策指向性または政治的党派性を期待し，行政幹部が人事に行政的党派性を期待するならば，行政幹部は，政策指向性または政治的党派性への忠誠と行政的党派性への献身を両立できる行政職員を任用する。政権与党と行政幹部の目指す価値が異なる場合には，行政幹部は政権与党の意向に応えることで人事の自律性を確保できれば，行政幹部自らの価値を実現できる。

3. 基盤と超然

（1）中立公正性の要請

　行政職員の政策的中立性は，行政の政策的中立性に繋がらないだけではなく，結果として，行政は政治的党派性を帯びてしまうこともある。多くの行政分野では，政策指向性は是認されるだろう。しかし，結果として，行政が政治的党派性を帯びてしまう政策選択をすべきではない中立公正性が要請される行政分野もあるかもしれない。もっとも，いかなる行政を政治的党派性の混入もある程度はやむを得ない政策指向性のもとに置き，いかなる行政を政治的党派性から強く隔離すべきか，という制度の決定自体も，メタレベルの政策判断でもある。

　中立公正性が求められるのは，政策選択の前提となる基盤行政である。選挙の政治的党派性や，政治過程を通じて政策選択を行った結果，政策指向性をある程度は帯びて行政が活動するのは，民主性・代表性の

観点から納得できよう。しかし，政策選択の前提となる条件を，行政が形成する場合には，民主性は逆流してしまう。つまり，政治の政策指向性に従って行政が政策指向性を帯びるのではなく，行政の政治的党派性・行政的党派性・政策指向性の結果として，政治の政策指向性や政治的党派性が左右される恐れがある。それゆえに，政策選択の基盤では，行政は中立公正性を持つべきである。

　もっとも，民主性とは統治者と被治者の同一性であり，政治過程は循環する。政治の選択は，すべて，行政の結果として形成された被治者の状態に基づいて行われているのであり，すべての政策決定は将来への基盤となる。そのように厳格に考えるならば，すべての行政は政治的党派性を帯びてはいけない。それゆえに，政治的党派性につながり得る政策指向性に基づく政策選択も許されない。すべての行政は，「全体の奉仕者」として，中立性を求められているのかもしれない。

　つまり，いかなる行政を政治的党派性および／または政策指向性から切断すべきかという，制度選択は極めて難しい。それゆえに，中立公正性を要請される基盤行政の分野が，厳然と固定的に存在するわけではなく，あくまで，歴史的に変化し得る相対的な存在である。

（2）基盤行政の例示

　第1は，選挙行政である。選挙の執行が，政治的党派性を帯びた行政によって左右されるのは，選挙干渉である。それは選挙結果の民主性・代表性を損う。選挙制度の立案・制定への行政職員の政策助言もまた，政治的党派性が問題となり得る。さらにいえば，選挙制度の決定は，行政の党派的中立性だけではなく，政治過程自体の超党派的合意という意味での政治的中立性を要請するものかもしれない。選挙制度が党利党略で左右されるのは，民主性・公平性・代表性を毀損する。

第2は，統計行政である。統計は，被治者や社会の状態を明らかにする情報であり，そうした情報をもとに選挙を含めた政策過程が展開される。統計行政を政治的党派性・政策指向性の思惑によって左右することがあれば，政策過程の根拠それ自体が失われてしまう。

とはいえ，社会の状態を示す様々な情報について，行政は広報・宣伝を行っている。責任性（説明責任性・答責性）の観点から，行政は民衆や政治家や社会に対して情報提供を行う。広報・宣伝や説明を行う行政は，虚偽・不実であってはならないが，真実の範囲内では，政策指向性を介して政治的党派性を帯びてしまうことがある。その意味で，同じ情報提供でも，基盤行政として中立公正性を求められる分野と，政策指向性が認められる分野と，区別するのが難しい。さらに，政策指向性・政治的党派性を帯びた情報が虚偽・不実かもしれないときのファクト・チェックを行う政策過程は，さらなる難しさを孕む。

第3は，学術行政である。科学技術・調査研究など学術の内容は，専門家による自由な検討によるべきである。学術の専門性が政策指向性・政治的党派性を帯びた行政によって規定されれば，専門性をもとに政策判断や行政の決定を根拠付けられない。行政の支配のもとで得られた「専門知」は，政策指向性・政治的党派性の表明にすぎず，行政によって行政を正当化する同義反復でしかない。行政から独立した学術の結果としての証拠に，政策は基づくべきである。これが，「証拠に基づいた政策決定（evidence based policy making：EBPM）」である。

第4は，教育行政である。初等中等教育は子どもの人格・能力形成に影響を与える。将来の選挙や政策過程にかかわる次世代を育成する。教育行政が，現世代の政策指向性・政治的党派性を帯びるときに，教育は次世代への為政者集団の政治勢力の拡大・再生産の道具となる。為政者が支配を永続させるためには，次世代を内面的に統制するのが，最も都

合がよい。政府見解のような，政策指向性・政治的党派性を帯びた内容のみを教育することは，自由な社会の基盤を掘り崩す。教育行政への政策指向性・政治的党派性は，専制・権威主義体制と親近する。

第5は，治安行政である。為政者にとって都合の悪い反対派を，政策指向性・政治的党派性に基づいて弾圧・排除した政治過程による政策決定には，正当性・民主性・代表性はない。

第6は，人事行政である。行政組織に，党派的中立性・政策的中立性（無色透明性・変色自在性）があるときに，政策過程の政策指向性に基づく決定変更が可能になる。こうした無色透明性・変色自在性を確保するには，政治のあり方が影響する。

周期的に政権交代が起こる場合には，行政組織は中立性を担保できる。個々の行政職員に政治的党派性・政策指向性が埋め込まれても，行政組織全体としては多様な政治的党派性・政策指向性を備えることで中立性を保てる。そのような事態は政権交代ごとの更迭を生む「党弊」を招くから，あえて双方に距離をとり，党派的中立性・政策的中立性を守るように動機付けられる。また，多党制の場合には，行政組織は特定の政策指向性・政治的党派性に染まる必要はない。

一党支配体制が長期継続すれば，行政組織は政権の単色に染まる。その人事基盤によって，政権交代は極めて困難になる。短期的な政権交代に対して，行政組織が無色透明性・変色性を発揮して新政権への順応をすると，再びすぐに長期政権勢力が復帰すれば意趣返しを受ける。また，そのような見込みがあれば，最初の政権交代に無色透明性・変色性を発揮できず，従来の政治的党派性・政策指向性に固執する。

一党支配体制は基盤行政としての人事の中立公正性を確保することを困難にする。そうなると，政治における任意の政策判断の余地を支えるはずの基盤行政自体が喪失する。それゆえ，一党支配体制のもとでは，

特に強く人事の中立公正性を確保する工夫が必要である。野党または超
党派の力学を含まない限り，人事に関する基盤行政は維持できない。

　これらはあくまで基盤行政の例示でしかないし，そもそも，これらの
分野が基盤行政として中立性が常に求められるとは限らない。この例示
の他にも，基盤行政になり得る分野は多数有り得る。例えば，報道・電
気通信の内容，中央銀行や通貨制度，政策評価や会計検査，外国との関
係に規定される外交・安全保障・防衛，地域的な政策選択を認めるべき
自治，表現や文化，国民統合の象徴にかかわる皇室など，様々な分野が
有り得る。

（3）中立性と民主性・公平性・代表性

　行政が政策指向性を帯びて運営されることは，為政者と同じ政策指向
性を有する被治者にとっては望ましいが，政策指向性を共有しない被治
者にとっては望ましくない。異なる政策指向性に即応して異なった取扱
をしないという意味で，実質的公平性は失われる。

　行政の取扱は被治者全体に一律になされる性質のものもある，例え
ば，防衛・安全保障では，タカ派とハト派という政策指向性の差異はよ
く知られている。しかし，ハト派の人々にはハト派の防衛政策，タカ派
の人々にはタカ派の防衛政策，という分割はできない。タカ派の防衛政
策を決定すれば，タカ派の被治者は満足するが，ハト派の被治者は不満
を抱く。

　この状態が「多数派の専制」である。こうした政策過程が民主性・公
平性・代表性を有しているかも，政策判断の問題かもしれない。多数派
が構造的に固定される政体ではなければ，特定の多数派が常に少数派を
支配することはなく，統治者と被治者の同一性は確保されよう。政体が
コンセンサス原理に基づくのであれば，政策決定が両派の妥協や合意で

なされる。超党派的な政策指向性に基づく行政であれば，ハト派・タカ派それぞれにある程度不満を抱き，ある程度満足する意味で，公平性ある不満でもあり，民主性も確保される。

　比較的に構造的な多数派が存在するなか，多数決原理に基づいて政策過程が展開される政体では，行政は少数派被治者の不満に直面する。行政過程への直接参加は政策指向性を介して政治的党派性を帯びた行政を是正する役割を担い得る。

（4）行政の超然性

　行政の中立性は，それ自体が，実は固有の政策指向性・行政的党派性であることも有り得る。比喩的にいえば，行政が固有に持つ黒色が著しく強化されれば，政権与党が青色・赤色かとは無関係に，行政は常に黒色として現れる。こうした行政のあり方は超然性である。

　例えば，政治家に現れるのは，民衆の様々な私的利害を反映した政治的党派性であるが，行政は，そのような私的党派の政治的党派性の対立に拘泥することなく，（行政が自ら考えるところの）公益または国益を目指して超然とした政策指向性を持つべき，という発想である。選挙や政治家に示される政策指向性を無視する意味で，行政の超然性は，基本的には，民衆の意向とは無関係に支配を行う専制・君主制・貴族制・権力分立制などに親近する行政の中立性のイメージである。

　例えば，帝国議会開設に際して，衆議院が政治的党派化する趨勢はやむを得ないとしても，内閣はそれとは無関係に政策指向性を持つべきとして，黒田清隆内閣が唱えた教説が，超然主義である。あるいは，戦前の政党内閣の崩壊とともに，既成政党を超克した「昭和維新」あるいは「新体制」を目指すなかでも，このような発想が出てきた。

　行政の超然性は，実態としては，行政自らが党派となった行政的党派

性である。行政が，政治家や民衆の意向とは無関係に，特定の政策指向性・行政的党派性を採用することであり，民主制や議会制とは相性が悪い。資格任用制で形成される行政職員も，政策指向性を保証されておらず，資格任用制とも相性が悪い。「昭和維新」に親近した行政職員に改鋳するには，官僚が自ら進んで「革新官僚」「新官僚」などと行政的党派化する他に，採用段階で「皇国史観」などを「試験」問題に組み込む。

　民衆は全体として黒色ならば，政治家が民衆の黒色を代表しない場合には，行政が黒色を体現するのも有り得るかもしれない。政治家による代表性の機能不全である。このような意識を持つのは，国士型官僚といえよう。しかし，行政職員が代表できることを全く意味しない。いかなる意味で行政職員が，民衆全体の政策指向性を代表・反映しているのかは，不可知である。民衆は黄色であるにもかかわらず，勝手に国士型官僚は黒色を代表していると僭称しているかもしれない。それゆえに，「国士」「壮士」「志士」を自称することは，行政職員の独善となる危険も大きい。民主制のなかで超然性を貫くことは困難である。それゆえ，超然主義を貫くには，民主制の廃棄という，極めて強度の党派的主張にまで，行き着かざるを得ないだろう。

参考文献

大西裕（編）『選挙ガバナンスの実態　日本編：「公正・公平」を目指す制度運用とその課題』ミネルヴァ書房，2018年

嶋田博子「公務の「中立性」はどう理解されてきたか―政策立案における行政官の役割確保に向けた考察―」『政策科学』24号，2017年

新藤宗幸『原子力規制委員会―独立・中立という幻想』岩波新書，2017年

曽我謙悟『現代日本の官僚制』東京大学出版会，2016年

田中守『行政の中立性理論』勁草書房, 1963年

辻清明『新版　日本官僚制の研究』東京大学出版会, 1969年

ノネ, フィリップ＝セルズニック, フィリップ『法と社会の変動理論』岩波書店, 1981年

藤田祐介・貝塚茂樹『教育における「政治的中立」の誕生―「教育二法」成立過程の研究』ミネルヴァ書房, 2011年

村松岐夫・久米郁男（編）『日本政治変動の30年：政治家・官僚・団体調査に見る構造変容』東洋経済新報社, 2006年

山口二郎「現代日本の政官関係―日本型議院内閣制における政治と行政を中心に―」日本政治学会（編）『年報政治学　1995, 現代日本政官関係の形成過程』岩波書店, 1995年

学習課題

1．行政の中立性として論じられる事柄は，どのような考え方があるのか整理してみよう。

2．検察による行政職員や政治家に対する捜査について，中立性の観点からは，どのように考えることができるだろうか。

3．行政に中立性は有り得ないという考え方について，論じてみよう。

15 | 行政の責任性

《ポイント》　行政に対する統制と行政による責任とは表裏一体と見ることもできるが，行政統制には色々な形態がある。しかし，行政統制が及ばないとき，あるいは，行政統制が矛盾するときには，行政自身による行政責任が問われる。そうなると，行政職員自身が，自己のあり方をどのように規定するかという官僚の自己意識と類型が重要になる。とはいえ，官僚制的無責任の余地は残り，行政というものの難しさは尽きない。

《キーワード》　答責性，行政統制，行政責任，単線型，多線型，ファイナー，フリードリヒ，FF論争，機能的責任，民衆的責任，責任希釈，行政管理，内閣官僚，官房型・原局型，公務員倫理，PSM，国士型・調整型・吏員型

1. 単線型行政統制

（1）行政統制＝行政責任

　民主制のもとで，行政は究極の統治者である民衆の意図のもとに統制されなければならない。もっとも，不可能な意図のもとに統制しようとしても機能しないので，可能な意図が形成されたかは別途問われなければならない。ともあれ，有権者→議会（下院）→首相→各大臣→各省官僚制という多段階の本人―代理人関係の連鎖となる。こうした単線型行政統制を想定するのが，イギリス型（ウェストミンスター型）民主制である。この代表的な論者はハーマン・ファイナーである。

　ファイナーによれば，行政責任とは，「XはYに対してZという事項

に関して答責し得る（accountable）」ことである。Ｘは答責者である行政職員である。行政職員Ｘ₁が上司Ｘ₂に対して答責し，上司Ｘ₂はその上司Ｘ₃に答責し，さらには，行政Ｘの外部である政治Ｙに答責するときに，行政Ｘが全体として行政責任を負う。そのためには，議会・内閣という行政外部の政治主体からの統制が必要である。ファイナーの見解では，行政統制と行政責任は表裏一体である。問責者と答責者が存在し，問責者が行政統制を行い，答責者が行政責任を果たす。

行政統制＝行政責任は，行政（行政職員）が政治（議会・内閣）に対して果たせば終わる。しかし，民主制では，為政者である政治家が統治者である民衆に果たす政治責任と結合する。本人―代理人関係の連鎖は，行政統制＝行政責任を超えて，民主的統制＝政治責任に繋がる。

（２）単線型行政統制と連鎖

本人が代理人を行政統制するためには，本人の意思が単一であると簡明である。これは，民主制においても，命令一元化原理を貫徹することであり，民主制または議会制の階統制化である。

単線型行政統制は，理念または擬制としては，統制の経路が明解であり，魅力的かつ説得的である。しかし，第１に，この細く長い統制回路が，どこか一か所でも切断された場合には，行政統制は機能不全を起こす。例えば，有権者と議会の間で切断すれば，議会主権・選挙独裁になる。また，議会多数党と首相・内閣の意思が乖離すれば，超然内閣となる。内閣・首相が議会多数党を支配する内閣政治・官邸主導になれば，行政統制の回路は逆流する。首相・内閣が各省大臣を統制できなければ，割拠主義に陥る。内閣・首相または各省大臣が，各省官僚制を統制できなければ，官僚主導になる。各省官僚幹部が現場職員を管理できなければ，現場の第一線職員による支配に陥る。

　また，第2に，統制の連鎖は多段階である。伝言ゲームのように，究極の本人である民衆＝統治者の意思は，そのままでは伝わらない。しばしば，そのため様々な不満が発生し，世論調査や人民投票でそれが示されたりする。単線型での行政統制は困難である。

（3）官僚制の強靱性

　一般に，官僚制組織の機能は必ずしも高い評価を得ていない。にもかかわらず，多くの場合には，官僚制組織が採用され続けている。これには，単線型行政統制における責任問題が関係している。

　第1に，「法律による行政」の原理では，行政は議会の定めた法に従うかたちで行政統制がなされる。行政は個別的決定の際にも，法律で示された非人格的・客観的規則に従う。このとき，合法的支配である官僚制が望ましい。官僚制は議会を通じた行政統制（立法的統制）に馴染む。

　第2に，責任帰着の明確化の要請がある。行政統制は，実際において機能不全を起こしていると考える方が自然である。むしろ重要なことは，機能不全を起こしている行政統制について，責任の所在を明確にすることである。単線型行政統制モデルでは，行政責任を明らかにしやすい。行政統制が複雑な迷路になっていれば，どこに機能不全があるのかを解明できない。上司―部下の連鎖であれば，そのどこかに，「失われた鎖の輪」としての責任が割り当てられる。

　第3に，上記と矛盾するが，非難回避の実態としての責任希釈にも有効である。現実には，階統制の行政官僚制でも，責任の所在は不明確である。多段階で少しずつ機能不全が起きている場合には，結局，階統制組織の全階層に責任が拡散する。官僚制とは，組織全体として非人格的・客観的規則に従っている演出をする分業であり，現実の職務遂行を検討すると，特定の官職に責任が帰着されにくい。

　さらには，単線型で機能不全について上司の監督責任を追及していく
と，行政統制の連鎖を上に向かって行政責任が逆流する。階層を遡るご
とに監督責任は希釈される。そして，責任は遡上して有権者・民衆にま
で至り，自己循環の回路となって消滅する。結局，「選挙で選んだ有権
者が悪い」となり，官僚制（政権与党も同様）は居直ることができる。

（4）機能的責任・民衆的責任

　議会による政治的外部統制を重視するファイナーの行政統制＝行政責
任の見解に対して，議会統制が充分には機能しないことを前提に行政責
任を考察したのが，カール・フリードリヒである。両者の頭文字を採っ
て FF 論争と呼ばれる。この論争は，行政の政策にかかわる機能が拡大
した1930〜40年代という戦間期・戦時期に行われたが，観点自体は古く
なることは全くない。フリードリヒは，行政職員が政策において大きな
役割を果たす状況を念頭に，専門家集団への応答（機能的責任）とコミ
ュニティ・民衆感情への応答（民衆的責任）を提唱した。

　フリードリヒは，行政責任＝行政統制ではなく，行政統制なき行政責
任の領分があることを指摘した。その意味で，行政責任論と呼ばれる。
本書では行政統制と表裏一体の行政責任を答責性（accountability，対外
的責任）と呼び，行政統制とは相対的に乖離した行政責任を応責性
（responsibility，内面的責任）と呼んで，区別しておこう。

　行政職員の内面的な行政責任では，行政職員の恣意を抑制できないと
して，議会統制が重要であるとファイナーは指摘した。機能的責任も民
衆的責任も，明確な問責者が存在しないため，行政職員の恣意的弁明を
抑制できない。かといって，単線型行政統制に限界がある以上，そのま
ま放置もできない。このため，行政統制の経路が多数化するが，多線型
行政統制そのものが，応責性の領分を作る。

　フリードリヒの機能的責任・民衆的責任では，行政職員にとっての外部が存在している。専門家集団は専門性を背景に，明確な行政統制の権限はなくても，行政職員に事実上の影響を与える。民衆は民意という感情を背景に，行政統制をする権限はなくとも，行政職員に事実上の影響を与える。行政職員の自己内対話や自省だけではない。

　議会統制で重要なのは，少数派野党からの問責に答責することである。議会統制が多数派による行政統制ならば，ウェストミンスター型議院内閣制では内閣＝議会多数党なので，議会統制は空洞化する。むしろ，議会少数派に議決権限がないにもかかわらず，問責することに行政統制がある。行政統制において重要なのは権限ではなく，フリードリヒとファイナーの距離はそれほどは大きくはない。

　フリードリヒの外部を前提にした行政責任論を制度化するならば，専門家・学術共同体や直接参加・請願する民衆に，行政統制の問責者の地位を設定すれば，多線型行政統制となる。むしろ，機能的責任・民衆的責任として外部化できない行政責任の領分こそが問題となる。特に，現代日本のように専門職ではない一般事務職が多いときに，行政責任は民衆的責任しか残らない。

2. 多線型行政統制

（1）行政統制と行政管理

　単線型行政統制では，現実には，機能不全が起き，行政責任の希釈が可能になるため，様々な行政統制が追加される。そのため，行政統制の経路は多線型となる。民主制では，民主性に基づく行政統制か，民主性に基づかない行政統制かに大別できる。民主性に基づかない行政統制の場合には，いかなる論理で行政統制を行うかも問われる。

表15-1　行政統制と行政管理

			政治的	非政治的＝行政資源別統制			
				法令	財源	人事	情報
行政外部	行政統制		議会 内閣 （大統領） 首長 民衆の直接参加	裁判所	会計検査院 監査委員	人事院 人事 （・公平） 委員会	会計検査院 （行政監視院） （オンブズマン） 情報公開制度 個人情報保護制度 統計委員会
行政内部	行政管理	行政全体	内閣官房	内閣法制局	財務省主計局	内閣人事局	
		行政各部		法務管理	予算管理	各省別 採用・管理	統計，政策評価，公文 書管理，情報管理

　行政統制は，行政外部の問責者・統制者に対して，行政が答責性を負うことが基本であるが，行政統制は官僚制のなかでも，本人―代理人関係の連鎖が続くことが必要条件である。通常，行政内部の問責答責関係は，行政管理と呼ばれる。行政統制も行政管理も本人―代理人関係の連鎖である点は同じであるが，行政の内部・外部という点では異なる。

　以上の２つの軸によって，行政統制および行政管理を分類できる（表15-1）。このように，現実には単線型行政統制ではなく，多数の行政統制の経路が設計されている。行政統制を受けて行政職員を指揮監督する行政管理も，行政全体にわたるものから，各省庁などの行政各部ごとに形成されているものもある。

　行政統制は，行政管理の受け皿を基盤とする。例えば，情報公開制度は，第三者機関である情報公開審査会を経て，裁判所による司法的統制によって，情報開示が担保されている。しかし，情報公開制度が機能するには，行政側が公文書をきちんと作成・保管・整理・保存する公文書

管理が前提である。また，情報公開請求に対して，保有文書を探して特
定することが必要であるが，それができるのは行政職員それ自体であ
る。情報公開制度は，情報を包み隠さず公開する説明責務が行政職員に
はある，という応責性（内面的責任）を必要とする。

（2）政治的行政統制

　多線型行政統制は，命令一元原理を否定する。政治的行政統制におい
ても，政治上の問責者は複数である。政治的行政統制が多線型になるの
は，以下のようなメカニズムがあるからである。

　第1に，政治の意思を一元的に集約することは，政治的多元性の観点
から，それ自体で問題があるという考え方がある。それゆえに，権力分
立制として，立法部と執政部の政治的意思を分ける。アメリカ型大統領
制では，単線型行政統制は有り得ない。また，連邦制や自治制とは，連
邦・国レベルの政治と，州・自治体レベルの政治とが分立することであ
る。さらに，民衆の直接的な参加・参政の回路を認めることで，為政者
である公選職政治家の意思とは異なる政治的意思を表明する。

　議会とは，多元的な政治の意思が表明される舞台である。二院制議会
は，両院の意思が異なることが有り得る仕組である。古典的な議会制・
代表制のもとでは，代表が自由闊達に討論するから，簡単に意思は一元
化しない。議会の基本は，政権与党と野党との論戦であり，政権与党が
野党（＝政治）の意思に対して答責する。しかし，同時に行政はもう一
つの政治＝政権（執政部）に対しても答責する。

　単線型行政統制では，議会多数派が議会の意思を決定して，行政に対
して政治的統制を行う。議会多数派＝内閣に統制を行うのは，議会や議
会野党ではなく，有権者である。単線型行政統制では，議会における多
元的な議論は意味がない。ファイナーの見解は，議会統制の建前論を述

べつつ，実態は議会軽視・内閣政治の教説になり得る。

第2に，選挙・議会・内閣を通じた迂遠な政治的行政統制の経路は，中下層の行政職員には必ずしも及ばない。自治体という住民に近い場所で行政を行うのは，政治的行政統制の経路を短くする工夫である。国の地方出先機関は，物理的空間的に近くにあっても，政治的行政統制が機能しにくいから，連邦・国レベルの政治的行政統制だけには頼れない。さらに，自治体政治であっても，決して近くはない。それゆえに，現場の行政過程への直接参加が必要になる。政治的行政統制の実効性という技術的観点からも，多線型になる。

（3）非政治的行政統制

非政治的行政統制は，民主性とは異なる論理で行政外部から統制を行うので，できることには限界がある。合法性に基づく統制が，裁判所による司法的統制である。財務会計に着目した統制が会計検査や監査である。民主性を欠いているために，公会計基準・監査基準という会計の論理に基づく基準があると有用である。有効性・能率性・経済性のいわゆる3E検査は，政治的に設定された政策目的・効果を所与の前提にすれば，目的達成にかかわる有効性，費用対効果にかかわる能率性・経済性に言及できる。

人事に関する非政治的行政統制には，有能性，公平性，代表性，専門性，能率性，合法性，中立公正性などの論理が有り得る。現実的には，政治的党派性を帯びた猟官制に対して，既存の行政組織・職員の自己利益（行政的党派性）に即した人事に対して，特定の政策指向性を優遇ないしは冷遇する人事に対して，中立公正性のある有能性・専門性としての資格任用制・成績主義（merit–system）により，採用試験や昇進資格を設定することが重要である。また，職務の責任に応じた給与を，政治

的党派性や行政的党派性から独立して決定するための人事院給与勧告制度が大きな役割を持っている。公務員給与を独自の論理で構築することは容易ではないので，官民均衡に基づき，民間給与という市場経済の論理を公務に翻訳をすることで正当化する。

　情報に関する非政治的行政統制には，正確性，公平性，中立性，真正性，充分性などの論理がある。政権・政治家の思惑や行政組織の意図によって情報が歪められず，情報の質量が保証されるように統制を行う。非政治的行政統制は，政策判断の是非に関して介入できないが，政策判断の前提となる情報が，あるいは，答責性を果たすための情報が，正確か，偏っていないか，分析が充分か，民衆と行政の間で過度な情報格差になっていないか，などの観点から統制を行う。公文書・情報を的確に公開するように統制することや，統計データの品質を確保するように統制することなどが重要である。

　裁判所による司法的統制も，政策判断の妥当性よりは，情報の充分性についての判断の方がしやすい。会計検査も，財務情報の正確性・合規性が基本となる。また，政策評価的な行政監視に踏み込むこともできるが，正確・公平・中立な政策情報の適切な提供という意味では，情報に着目した統制である。オンブズマンは行政の実態を調査して，妥当性に関する報告・勧告を行う。但し，漠然と良識・常識や価値合理性に基づいて判断するのは，政策判断との関係で難しい。それゆえ，専門性による理論武装が必要である。そうなると，個別政策分野ごとに専門知識を動員する第三者機関の方が活動しやすいだろう。

（4）行政統制の文化的分化

　多線型行政統制は，単線型行政統制を含むかたちで，政治的・非政治的な行政統制が多数存在する状態である。行政統制には様々な形態が有

表15-2　文化類型と行政統制（フッド1998，9頁）

		グループの圧力	
		弱い	強い
グリッド （社会規範）の圧力	強い	運命論型（乱数表利用）	階統主義型（監視・統制）
	弱い	個人主義型（競争）	平等主義型（相互性）

り得るが，行政職員は特定の社会のなかの存在であるため，それぞれの社会の文化特性と整合するように分化していくと考えられる。

　メアリー・ダグラスの文化理論と接合させたのが，クリストファー・フッドの4類型である。それによれば，文化はグループ（集団，group）とグリッド（格子，grid）の2つの軸で分類できる。グリッドとは，性別・職業・出自などによる識別とそれに基づく一般的な社会規範の強弱である。グループとは，そのときどきに時間とともに形成される集団による圧力の強弱であり，人間関係や相互作用に影響される。グリッドは人間関係とは無関係な規範である。こうして，表15-2のような4類型が得られる。

　階統主義型（hierarchist）は，社会規範の圧力も集団の圧力も強いもので，軍隊などが典型という。上からの監視（oversight）が行政統制の手段となる。階統制の官僚制は単線型行政統制に親近しやすい。

　平等主義型（egalitarian）は，社会規範は弱いがグループの圧力が強いため，上からの監視・統制よりは，共同体内部での相互性（相互監視，mutuality）が行政統制の手段となる。「大部屋主義」「省庁割拠制」の日本型行政組織は，このイメージにもっとも近い。上からの監視・統制が弱いことは，必ずしも行政統制が弱いことを意味しない。また，階統主義のような警察でも，相棒（ペア，バディ）を組ませるのは，こうした相互性を利用している。独任制に対比される合議制や会議方式も，

同僚間・関係部局間の議論という名のもとの相互監視である。

　個人主義型（individualist）は，集団圧力も社会規範も弱いものであり，市場で競争する民間企業がイメージされる。競争によって行政統制を図る。個人主義型も秩序がある以上，グリッドやグループを越えて，行政統制（＝競争）を押し付ける存在が必要である。競争を煽（あお）るには，例えば，業績給や出来高レースが必要になるが，それを強要する主体を必要とするので，同時に階統主義型との混合形態になるかもしれない。階統制の警察も警察官同士を競争させる。あるいは，市場メカニズム＝「神の見えざる手」とか主権者＝「選挙独裁」の執政部とか，「神」のような超絶した統制者が必要になってくる。

　運命論型（fatalist）は，集団圧力は弱いが社会規範による区分が強い。厳格なルーティンに埋没させられた原子のようにバラバラな社会がイメージで，乱数表・籤引（くじび）きによる統制と諦観が必要になるという。本来は無作為であるが，脈絡と予見可能性のない乱雑な人事異動や抜き打ち検査などによって，人智を越えた行政統制を人為的に作り出すこともある。選挙での政権交代または強力な政治指導も，恣意的な行政統制であって，行政職員には諦観を生み出す。予見可能性がないので，行政職員は予（あらかじ）め対処もできず，共謀や腐敗をしにくくなるが，協働作業もしにくくなる。警察でも，「上から」の理不尽な指示で現場が諦めるのはよくある。「ねずみ捕り」は民衆が運命論者であることを期待している。

（5）多線型行政統制のディレンマと行政責任

　多線型行政統制においては，ある行政統制経路が閉塞を起こしても，無統制は避けられる。しかし，複数の行政統制があると，行政または行政職員は，どの問責者＝統制者に対応すべきかディレンマ状況に直面する。例えば，政治的行政統制に従うとすれば，内閣や大臣の指揮監督に

服する。しかし，その指示に違法性があるならば，非人格的・客観的な規則に従うべき官僚制の正当性・権威性を失う。将来的には裁判所を通じた非政治的行政統制を受ける可能性もある。

　行政統制が微弱になっている場合や，行政統制が行政に課されている義務と違背すると思われる場合，行政統制同士が両立しない場合など，矛盾する要請に直面するときに，行政職員は責任をどのように果たすべきかを自ら考えざるを得ない。多線型行政統制では，行政統制と行政責任が表裏一体では有り得ず，明確な単一の問責者＝統制者が不在のなかで，答責を果たす相手方を行政職員が自ら決定する。

　この状態は，行政統制の観点からは極めて深刻な問題である。答責すべき相手方である問責者を，答責側の行政職員が自ら選定することである。行政統制の外部性が喪失しかねない状況を生み出す。

3.　行政職員の意識・行動

（1）動機・意識・行動

　行政責任は，行政統制の有無とは別に，行政職員がどのような責任意識を持って行動しているかを問う。その前提として，どのような動機によって，行政職員が行動しているのかを解明する必要がある。

　例えば，個人的利益を合理的に計算するゲームの行為者として行政職員を捉えれば，一定の合理（利）的選択論・ゲーム論的に官僚制の行動説明が可能になる。合利的行為者が，ゲームのルールという非人格的・客観的規則に従うのは，近代官僚制の特性でもある。行政職員に行政責任を果たさせるために，ゲームの規則や制度的条件を整備すればよい。規則・制度整備は，具体的な作動がなくても，それ自体で行政統制といえる。

　行政職員が個人的利益の供与に弱く，その結果としての実態（腐敗など）が問題ならば，是正のための行政統制または制度が必要になる。例えば，公務員倫理制度である。行政職員の「倫理」を制度によって行政統制できるかは難しい問題ではある。行政職員が専門職ならば，専門職集団の「倫理綱領」を定めることもできよう（機能的責任）。公式的に制度化するならば，例えば，利益相反の禁止，資産公開，利害関係者からの贈与・供応接待の制限，株取引の報告義務・制限，天下り制限・事前許可，兼業・兼職・請負規制，親族関係などが項目となろう。公務員倫理制度を担保するには，外在的統制の仕組が必要になる。

　行政職員は，個人的利益だけではなく，様々な公共的な価値や理念に即して動機付けられているのかもしれない。行政職員の公共サービス動機付け（public service motivation：PSM）の解明は，極めて重要である。民主制では，行政職員は政治の意思に従うべきだ，と動機付けるかもしれない。官僚制では，合法的支配の正当性への帰依が必要であり，「怒りも興奮もない」ことに「天職」としての使命感を持つかもしれない。公僕としての公務員は，いかなる「対民衆官紀」（辻清明）・「対市民規律」（西尾隆）を持つかが問われる。

（2）国士型・調整型・吏員型

　民主性を背景とする政治的行政統制の観点からは，政治家や政策判断に対する行政職員の姿勢の取り方が，行政責任を考えるうえで重要である。真渕勝に拠れば，官僚には3つの類型がある。

　第1は，国士型官僚であり，行政職員が自ら主体的・積極的に政策判断する。例えば，政治家は選挙に左右されて短期的な視座に囚われ，政局での権力闘争を重視して政策内容は政争の具となり，支持団体や地元などの私的利害に拘束され，政治的党派性を帯びるので，民衆全体の公

平性・中立性・代表性を踏まえた妥当性のある政策判断ができない。公選職政治家は私益を代弁する私党にすぎず，そうした政治家の多数派が形成する政権・内閣も同様である。

　これに対して，高い志と身分保障によって，近視眼にならず，選挙や支持母体のしがらみに左右されず，党派的に偏らず，公益・国益に基づいて政策判断できるのが，官僚だと考える。超然主義ともいえる。また，官僚には，政策知識の乏しい政治家を教導し，政策の方向性を主導する責任があると考える。

　第2は，調整型官僚である。政策過程にも官僚は深くかかわる。政策判断は，あくまで政治家や利益集団などが参画する政策過程で形成される。それゆえ，政治家などの意向を忖度したうえで，行政職員は政策形成に向けて，様々な関係者と能動的に調整を行う。関係者の了解の得られる範囲で，「落としどころ」としての政策決定も行われる。官僚が独断で政策判断をするわけではないが，全く受動的に政治家や利益集団の政策判断を受容するわけでもない。

　第3は，吏員型官僚である。政策過程のなかで政策判断は不可避的になされるが，その政策判断には，官僚は能動的に関与しない萎縮した姿勢である。政治家や利益集団が活動する政策過程における結果を，受動的に受容する。言われたことしかしないことによって，責任追及を回避する。もっとも，明示的な指示を待つだけでは，政治家から責められるため，政策過程の動向を注意深く忖度して行動する。

　それゆえ，吏員型でも，政策過程に全くかかわらないわけにはいかない。政策過程に求められる調査分析や資料作成を行い，政策の選択肢案を示すように，分を弁えた謙抑的な対応に限定する。政治家からの検討の指示を受け，その方向性に異論があっても，あるいは，そもそも異論を意識せず，政策立案に向けて作業をする。

（3）人事管理との関係

　行政職員の利害関心や動機付けは，人事管理によっても左右されている。人事管理は，一面では，職員の能力形成の観点から，配置転換・出向・昇進などの異動によって OJT をする。そして，他面では，職員の意志・動機付けを，異動のあり方によって規定しようとする。行政組織や人事グループが行政職員の人事異動を左右する場合には，その範囲に行政職員の利害関心や動機付けを集約できる。これに基づく行動が，行政職員として相応しいかどうかは，論争的である。

　各省採用・各省任用のキャリア官僚の人事のゆえに，各省割拠主義を促進し，日本政府全体への視野を欠く，という教説がある。これに基づけば，内閣一括管理や各省間交流の人事が求められる。内閣政治を支えるには，各省各原局を中心に人事異動する原局型官僚ではなく，各省官房と内閣官房を往復する官房型官僚が前提として必要である（牧原出）。官房型官僚は政府全体の利害関心や動機付けを持つが，原局型官僚はそうした傾向を持たない。技官が特定の限られた人事範囲に留められれば，「技官王国」を維持・拡張する動機付けを持つようになる。

　ただし，原局型官僚や技官の狭い利害関心が，それ自体として行政責任に反するかどうかは，論争的である。特定の行政分野で的確に対処することも，重要な行政責任で有り得るからである。

（4）官僚制的無責任

　官僚制は，非人格的・客観的規則による支配であるが，それゆえに，杓子定規で，形式主義・法規万能主義で，融通が利かない，という病理現象が生じる。

　第1は，依法主義である（伊藤大一）。日本官僚制は，行政規則・内規に過度に拘泥して自己を正当化する態度を持つ。通達，先例，行政実

例，解説書などが重要な行動の動機付けとなる。内規は行政官僚制の内部で作られるが，解説書やマニュアルも，省庁官僚が執筆することは普通である。議会が定める法律や，裁判所が定める判例と，政令・省令・告示という行政規則に加えて，各種の内規が渾然一体化する。

依法主義は，広い意味では「法律による行政」の原理に基づく行政責任の一種である。ただし，現実には法律ではなく，内規に行政職員の意識は向いており，実質的にはマニュアル行政である。従って，法令の条文や趣旨・目的に立ち返って参照することは，ほとんどない。

先例（行政実例）が有用である。前任者が行った起案決裁文書それ自体が，マニュアルとなって後任者によって活用される。内規は，具体的事案への適用とセットでなければ使いにくい。コンピュータープログラムや電子画面の様式は，完全な統制マニュアルである。入力項目によって誘導され，それ以外の入力をしても，あるいは，入力できなければ，それ以降は職務を遂行できない。

こうして，規則や手順の適用・遵守自体が自己目的化（＝目的の転移）していく。本来，規則とは政策目的の解決のための手段であるはずが，目的に立ち返らないで規則を遵守して，責任追及に対しては，手続や規則に逃げ込む。政策の妥当性を常時判断して模索する行政責任は，依法主義のもとでは消失する。

第2は，「権限への逃避」である。個別事情を無視した妥当性のない行政は，問責を受ける。しかし，官僚は「権限に逃避」する。権限を縮小解釈することで，「権限がない」と責任を回避する。勿論，近代官僚制の理念型では，権限は非人格的・客観的規則によって決まるので，権限を行政職員が勝手に縮小解釈できない。しかし，現実には，個別の裁量的な決定を，あたかも非人格的・客観的規則に基づいているかのごとくに決定する。官僚制はいつでも権限を縮小し，それを規則によって正

当化・合法化できる。

　第3は，非人間性である。近代官僚制は非人格的規則を遵守することで正当性を得ることであるから，それ自体が人間に対する無答責・無責任性に繋がりやすい。少なくとも，民衆的責任への答責性は欠いたものになる。行政実務は，同時に行政対象の様々な事情を的確に判断し，区別し，区別に応じて公平に対処して，妥当な結論を導くことを求められている。しかし，権威性・合法性・画一的公平性が全面に出ることで，行政対象である人々に対する冷徹な対応となる。

　行政サービスは，単なる機械的処理ではなく，感情労働的な側面も持つ。同一の行政の決定であっても，接遇の是非自体も妥当性が問われる。そもそも，接遇自体が行政サービスの一部である。「怒りも興奮もない」職務遂行は，冷淡で，個別事情に配慮しない冷血，横柄，尊大な行政であり，民衆的責任性を果たしていないのである。

　第4は，個人消失である。行政職員個人に対しては，行政組織から行政管理・行政統制が及んでいるが，対外的には行政は組織として行動する。官僚制の意思決定は，すべては部下から上司にわたる協働作業であり，職員個人は独断権限を持たない。頂点であっても，実質的には部下からの上申を決裁する権限があるにすぎない。上司は原案を上申した部下に責任を転嫁し，部下は決裁した上司に責任を転嫁する。こうして，組織に逃避する。

　官僚制は，非人格的・客観的規則による職務遂行であるため，個々の行政職員が誰であるかは，影響しないという擬制に立っている。組織として行政が行動する限り，組織の指揮監督に逸脱しない限り，個々の行政職員に帰着する責任は存在しない。こうして，責任は行政職員個人ではなく，組織全体として負うことになる。

　しかし，自然人でない組織は，本来は責任を負いようがない。組織責

任となれば，個々の職員は責任を感じないことができる。大臣責任制は，組織責任を自然人である大臣に集中させる。しかし，現実には大臣は具体的業務を差配したわけではなく，大臣も全く他人事である。運命論的に，運が悪かったとして諦念するだけである。

　それゆえ，個人を消失させるのではなく，具体的な行政職員個人に責任を帰着させる動きも起きる。例えば，刑事罰の場合には，行政職員個人の責任が問われる。個々の行政職員を名指しで，懲戒処分などを行うことはできる。しかし，多くの場合，行政の意思決定は多くの行政職員が集団でかかわっており，個々の職員たちに責任を的確に配分・帰着させるのは容易ではない。特定の少数者に集中させると，スケープゴートやトカゲの尻尾切りになる。広く責任を分散させると，組織責任と同様に希釈化されてしまう。

　官僚制である行政で，行政責任を果たさせることは容易ではない。

参考文献

赤木須留喜『行政責任の研究』岩波書店，1978年

アーレント，ハンナ『責任と判断』ちくま学芸文庫，2016年

井出嘉憲『日本官僚制と行政文化―日本行政国家論序説』東京大学出版会，1982年

伊藤大一『現代日本官僚制の分析』東京大学出版会，1980年

伊藤正次「「文化理論」と日本の政治行政研究―その限界と可能性―」『季刊行政管理研究』82号，1998年6月号

新藤宗幸『行政責任を考える』東京大学出版会，2019年

新藤宗幸『官僚制と公文書』ちくま新書，2019年

曽我謙悟『行政学』有斐閣，2013年

曽我謙悟『現代日本の官僚制』東京大学出版会，2016年

辻清明『新版日本官僚制の研究』東京大学出版会，1969年

永戸力「ポスト官僚制か，ポスト NPM か？—フッド以降の行政理論の諸相—」
　『立命館法学』2010年 5・6 号，pp.1064-1104

西尾隆『現代行政学』放送大学教育振興会，2012年

フッド，クリストファー（Hood, Christopher）, *The Art of the State : Culture, Rhetoric, and Public Management,* Oxford University Press, 1998

フッド，クリストファー（Hood, Christopher）, *The Blame Game : Spin, Bureaucracy and Self-Preservation in Government,* Princeton University Press, 2011

牧原出『内閣政治と「大蔵省支配」—政治指導の条件』中央公論新社，2003年

真渕勝『官僚』東京大学出版会，2010年

村松岐夫『戦後日本の官僚制』東洋経済新報社，1981年

村松岐夫『政官スクラム型リーダーシップの崩壊』東洋経済新報社，2010年

1．どのような行政統制が望ましいか，長所と短所をまとめてみよう。

2．行政責任を行政職員が持つには，どのような工夫が必要であろうか。

3．口下手でも仕事のできる行政職員と，口達者で仕事のできない行政職員と，どちらが行政責任を果たしているといえるだろうか。

索引

●配列は五十音順，＊は人名を示す。

著者紹介

金井　利之（かない・としゆき）

1967年　群馬県桐生市に生まれる
1989年　東京大学法学部卒業，同助手
1992年　東京都立大学法学部助教授
2002年　東京大学大学院法学政治学研究科助教授
現在　　東京大学大学院法学政治学研究科教授
専攻　　行政学・自治体行政学
主な著書『財政調整の一般理論』東京大学出版会，1999年
　　　　『自治制度』東京大学出版会，2007年
　　　　『実践自治体行政学』第一法規，2010年
　　　　『オランダ・ベルギーの自治体改革』共編著，第一法規，
　　　　2011年
　　　　『原発と自治体』岩波書店，2012年
　　　　『政策変容と制度設計』共編著，ミネルヴァ書房，2012年
　　　　『シリーズ　自治体政策法務講座　第4巻　組織・人材育
　　　　成』編著，ぎょうせい，2013年
　　　　『地方創生の正体』共著，筑摩書房，2015年
　　　　『原発被災地の復興シナリオ・プランニング』共編著，公人
　　　　の友社，2016年
　　　　『行政学講義』筑摩書房，2018年
　　　　『縮減社会の合意形成』共編著，第一法規，2019年
　　　　『自治体議会の取扱説明書』第一法規，2019年

放送大学教材　1548620-1-2011（ラジオ）

行政学概説

発　行　　2020年3月20日　第1刷
著　者　　金井利之
発行所　　一般財団法人　放送大学教育振興会
　　　　　〒105-0001　東京都港区虎ノ門1-14-1　郵政福祉琴平ビル
　　　　　電話　03（3502）2750

Printed in Japan　ISBN978-4-595-32205-1　C1331